Klaus Josef Pfannenschmidt

Lebensfibel II

Das Behandlungszimmer hat eine Hintertür

ISBN 3-8334-0289-X

(2003) Herstellung und Verlag

Books on Demand GmbH Norderstedt

Inhalt

1.
Autorenbeschreibung

Klaus Josef Pfannenschmidt, Jahrgang 1937, in Darmstadt geboren, war selbständiger Unternehmer, ist gelernter Kaufmann. 1997 hat er seine Firma aufgelöst und ist jetzt als Geschäftführer eines Unternehmens in der Kosmetik Branche tätig. Seine Berufung sieht er auf dem esoterischen, spirituellen Weg, dem er sich noch stärker widmen möchte.
Der Autor beschäftige sich seit vielen Jahren mit Philosophie, Psychologie und Religionswissenschaften. Seit 20 Jahren hat er sein esoterisch-spirituelles Wissen in diesbezüglichen Seminaren bei bedeutenden Lehrern im In- und Ausland erweitert.

2.
<u>Titel Beschreibung</u>

Die Welt ist ein großes Behandlungszimmer, in dem wir laufend manipuliert werden. Erkennen wir diese Beeinflussungen, können wir uns ihnen entziehen, durch die Hintertür, ohne Aufsehen. Wir können dann wieder unvoreingenommen beurteilen, ob das uns Angebotene gut für uns ist, oder ob wir nur benutzt werden. Wer sich wieder auf sich selbst besinnt, gewinnt an Stärke und Selbstvertrauen.
Er kann wieder seine eigenen Wege gehen, ohne auf die Herde zu achten.

3.
Kurzanmerkung

In der heutigen Zeit werden die Menschen mit vielen Meinungen und vorgefertigten Lösungen überhäuft. Jeder hat für sie die beste Lösung, sie müssen sich nur noch einklinken, „ja" dazu sagen. Oft bleiben ihre eigenen Beurteilungen auf der Strecke.

Das Buch könnte eine Denk- und Orientierungshilfe sein, weil es zu einigen Lebensfragen Stellung nimmt. Es gibt meine ganz persönliche Ansicht der Dinge wieder, ohne Anspruch auf richtige Sicht.

Meine Gedanken sind von meinem Wissen, meinen Ansichten und meiner Lebenserfahrung getragen worden.

4.
__Warum dieses Buch__

Viele Menschen sind ausweglos gefangen im manipulierten Zeitgeist. Sie wissen nicht mehr, was für sie gut ist oder trauen sich nicht mehr, ihnen gemäße Entscheidungen zu treffen. Die täglichen Hirnwäschen haben die meisten Menschen zu unselbständigen Wesen werden lassen, die ihren Halt und Bestätigung nur noch von außen beziehen, beispielweise von Gemeinschaften wie Partei, Kirche, Verein, Freundeskreis.

Der Mensch von heute muss seinen Halt wieder in sich suchen. Seine verlorengegangenen Rechte sind von ihm wiederzufinden oder zurückzufordern, um wieder Selbständigkeit zu erlangen, um wieder für sich selbst zu entscheiden. Er sollte sich auf Tugenden wie Liebe, Mut, Ehrlichkeit, Verlässlichkeit besinnen, sie pflegen, neu beleben, um Selbstvertrauen und Stärke zu bekommen.

Dazu ist es wichtig, sich von der Herde, die nur dem Zeitgeist frönt, abzukoppeln und wieder zu einer Einzelpersönlichkeit zu werden. Es gehört dazu, sich seiner Lebensaufgabe bewusst zu werden. Zu begreifen, dass das Leben nicht nur aus Essen, Trinken, Sex, Spielen, Ansehen und Geldanhäufung besteht, sondern auch noch andere wichtige Werte hat. Es geht auch darum zu erkennen, wo hindern mich meine eigenen Verstrickungen an meiner Entwicklung und wo hindern mich andere daran, mich aus meiner Verstrickung zu erlösen.

Ein sehr wichtiger Punkt ist, dass ich das, was zum Konsum mir vorgesetzt wird, ob Nahrung, Information von Politik, Wirtschaft, Religion durchschaue und kritisch hinterfrage und mir meine eigene Meinung bilde und auch vertrete.

Die einzelnen Kapitel des Buches sollen nur Denkanstöße sein, wo vielleicht Veränderungen angesagt sind, da hinzuschauen, sei es in der Welt oder bei der eigenen Person.

Wenn ich das bewirken kann, hat sich die Mühe für mich gelohnt.

5.
Unser Denken

Aus der Physik ist das Gesetz der Aktion = Reaktion bekannt. Das bedeutet ganz einfach, wenn ich mit 10kg gegen eine Wand drücke, dann drückt diese Wand mit 10 kg gegen mich zurück.
Dieses physikalische Gesetz ist auch auf unser Denken anzuwenden.
Da alles Schwingungen, respektive Energie ist, ist auch ein Gedanke Schwingung, respektiver Energie. Ein Gedanke ist also nicht nichts. Er ist auch nicht etwas, das sich ausschließlich in unserem Körper abspielt. Der Mensch ist ein vollkommener Sender, er sendet permanent Gedanken aus. Jeder Gedanke entspricht einer bestimmten Schwingung und somit einem bestimmten Energiepotenzial, das den Menschen, den Sender verlässt. Wir können deshalb auch von einem Gedanken als Energiekörper sprechen. Es ist ganz wichtig, sich dieses vorzustellen. Je nach der Größe dieses Energiepotenzials sind logischerweise auch die Wirkungen der Gedanken verschieden. Es gibt starke und schwache Gedanken. Da alles andere auch Schwingung ist, können wir mit unseren Gedanken auf alles andere einwirken. Je nach Stärke des Gedanken-Energie-Potenzials ist die Verwirklichung innerhalb des Schwingungsfeldes. Je kraftvoller das Denken, je größer die Chance, dass sich der Gedanke verwirklicht. Freude und Begeisterung sind beispielweise energievolle Gedanken, welche zu entsprechenden positiven Ergebnissen führen. Konsequentes positives, freudvolles Denken bringt handfest, gute Ergebnisse.

Wenn also ein Mensch positiv denkt, setzt er Energien frei, die zu positiven Resultaten führen. Angstgedanken sind auch sehr energiegeladen und verwirklichen sich ebenfalls, was weniger vorteilhaft sein dürfte.

Ähnliche Gedanken ziehen sich an, weil sie ähnliche Schwingungen haben, diese führen zu einem Energiekörper mit einem viel größeren Energiepotenzial.

Verbinden sich mehrere Menschen mit dem gleichen Gedanken, so entsteht ein großer Energiekörper, der eine große Kraft enthält. Je nachdem, wie das Denken ist, positiv oder negativ, so sind auch die Resultate. Dieses kann man nutzen, in einer Firma, in einem Volk, von und für die ganze Menschheit.

Wir produzieren von morgens bis abends Gedanken, welcher Art, das bestimmen wir selbst, weil wir einen freien Willen haben und denken können, was wir wollen. Überlegen müssen wir uns nur, welche Energien wir produzieren wollen, welche sollen unser Leben bestimmen, Energien der Angst oder der Liebe.

Denken wir auch daran, dass kein Gedanke, keine Energie im Kosmos verloren geht. Was immer wir gedacht haben, was wir denken oder denken werden, diese Energien gehen nicht verloren und sie haben die Tendenz sich zu verwirklichen. Was immer wir bis jetzt gedacht haben, ist nicht mehr zu ändern, aber dank des freien Willens können wir unser Denken ab sofort ändern, ab sofort anderen Energien, andere Schwingungen produzieren.

Es greift noch ein Gesetz in diesen Vorgang der Gedanken-Energie ein, Aktion = Reaktion. Das bedeutet, wir senden Gedanken und sie kehren zu uns zurück, egal war wir gedacht haben, es trifft wieder bei uns ein und es wird uns treffen, positiv oder negativ. Was wir denken, auf was wir uns konzentrieren, das wächst. Das bedeutet auch, auf das Denken aufzupassen, weil wir unserem Denken weitere Energien zuführen.

Auf Schwäche, Krankheit, Konkurrenz, Mangel an Geld, Drogenprobleme usw. sollten wir uns nicht konzentrieren. Dagegen auf Wohlstand, Gesundheit, Frieden usw. – ja.

Unsere Gedanken machen uns zum Schöpfer. Erschaffen wir gute Energien, die uns und der Welt zum Wohle dienen!

6.
Unsere Erdenaufgabe

Wir kommen auf diese Welt, auf diesen Lernplaneten Erde mit einem selbstgestellten Auftrag. Unsere Seele hat sich vor der Geburt eine Aufgabe gewählt, die zu ihrer Entwicklung notwendig ist, die ihr auf dem Weg der Vervollkommnung noch fehlt. Sie will einen bestimmten Weg auf dieser Erde gehen, Aufgaben und Probleme lösen, mit Schwierigkeiten fertig werden, um auf dem Entwicklungsweg Fortschritte zu machen.
Die Seele wählt sich dazu ihre Eltern aus, ihre Zeit auf der Erde, die für sie eine bestimmte Qualität hat, evtl. frühere Partner, Verwandte aus früheren Leben, um mit ihnen Karma aufzuarbeiten. Die uns selbst gestellte Aufgabe ist uns aber nicht bekannt, nicht direkt bewusst, sie ist über unseren Verstand nicht abrufbar. Das bedeutet, dass wir bewusst nicht wissen können, wenn wir mit Problemen konfrontiert sind, zu welcher unserer Aufgaben gehört dies. Wenn wir jedoch bereit sind alle unsere Probleme im Leben als unsere selbstgewählten Aufgaben zu betrachten, spielt es keine Rolle, ob wir es wissen oder nicht. Mithin können wir uns unseren Aufgaben auch freudig stellen, weil das Lösungsergebnis uns ganz alleine zugute kommt.
Wir können uns auch den neidvollen Blick auf unsere Mitmenschen ersparen, auch wenn es ihnen angeblich besser geht als uns. Die haben ihre eigene, eine ganz andere Aufgabe als wir für sich gewählt. Kein Schicksal und kein ungerechter Gott bestraft uns für etwas, war wir nicht verdient haben.

Jammern und klagen können wir uns schenken und die dadurch eingesparte Energie anderweitig nutzbringend verwenden. Wir brauchen nicht mehr unseren lamentierenden Mitmenschen zuzuhören, weil es sinnlos ist, welch ein Zeitgewinn für uns! In der freien Zeit könnten wir meditieren und in der Meditation um die Erkenntnis unserer Aufgabe bitten.

7.
Entscheidung

Eine der bedeutendsten Handlungen im Leben eines Menschen ist die Entscheidung. Da wir in der Welt der Polarität leben sind wir stets gezwungen uns zu entscheiden. Ob es uns bewusst ist oder nicht. Tatsache ist, dass wir ununterbrochen gezwungen sind, Entscheidungen zu treffen, zwischen verschiedenen Möglichkeiten zu wählen.

Wir müssen uns ständig entschließen, ob wir dies oder das tun wollen oder ob wir lieber gar nichts tun möchten. Das einzige, was man nicht tun kann, ist sich nicht zu entscheiden, keine Wahl zu treffen. Sogar der Entschluss nichts (wirklich nichts) zu tun ist ebenso ein Entschluss, wie die Entscheidung etwas zu tun. Zu bekommen was wir uns im Leben wünschen, ist eine Frage der Entscheidung, der richtigen Entscheidung und der Reihenfolge und der Zielstrebigkeit, die getroffene Entscheidung zu verfolgen.

Entscheidung hat aber auch etwas mit Verantwortung zu tun. Habe ich mich entschieden, bin ich für meine Handlung verantwortlich. Eine Nichtentscheidung ist somit auch ein sich drücken vor der Verantwortung. Wir tun uns bei manchen Entscheidungen sehr schwer, weil uns der Mut fehlt. Wir fragen uns vor Entscheidungen nicht, was können wir gewinnen, sondern was ist, wenn wir verlieren. In der Abwägung des Risikos liegt bereits ein Steinchen mehr auf der Waage zu Gunsten der Nicht-Entscheidung. Zögern wir eine Entscheidung hinaus oder gehen ihr ängstlich aus dem Wege, wählen wir in Wirklichkeit doch, nämlich die Untätigkeit. Diese heißt nichts tun wollen, also kann das Leben, der Kosmos auch nichts geben. Die Entscheidung für die Untätigkeit kann unser Leben ebenso sehr oder noch stärker beeinflussen wie der Entschluss, etwas bestimmtes zu tun. Wer nichts tut, kann nichts werden, nichts erhalten.

Haben wir uns jedoch entschlossen, etwas zu werden, also eine Entscheidung getroffen – erfolgreich, berühmt, wohlhabend, glücklich usw. zu werden, müssen wir logischerweise etwa tun und damit stehen wir wieder vor der Wahl, welchen Pfad des Lebens wir gehen wollen.

Man muss wählen, welche Handlungen sollen erfolgen, welchen Menschen will ich mich anschließen, welche Anliegen will ich vertreten, in welcher Stadt, welcher Gegend will ich leben, mit welchem Lebenspartner auf welches Ziel zusteuern, entscheiden, entscheiden, entscheiden ...

Es sind unsere ureigensten, persönlichen Wegfindungen, die entschieden werden müssen, da hilft kein Buch, kein Freund, kein Verwandter, keine Umwelt.

Es ist wichtig, entscheidungsfreudig zu sein, das bedeutet Lebenstüchtigkeit, weil entscheiden dem Leben dient. Das Schwert ist das Symbol der Entscheidung, der Trennung in zwei Teile, den, den wir wählen und den, den wir ablehnen. Gut ist es auch, den nicht gewählten Teil zu vergessen, ihm nicht nachzutrauern, keine Energie mehr daran zu verschwenden. Der gewählte Teil ist der Weg, ist die Aufgabe, das Ziel.

Kluge Entscheidungen werden oft aus dem Bauch getroffen, aus dem Solarplexus.

8.
Die Welt und wir

Die Welt in der wir leben ist in einer Krise und die ganze Menschheit ist davon betroffen. Dabei ist es egal in welchem Land wir leben, zu welcher Rasse wir gehören, welches unsere Religion ist, ob wir unter einer autoritären oder demokratischen Regierung leben. Die Menschheit nähert sich mit Riesenschritten dem Augenblick einer Entscheidung. Entweder wir erkennen das göttliche Sein in uns oder wir sind zum scheitern, zu sterben verurteilt.

Wir müssen erkennen, daß wir unabhängig von politischen, finanziellen, soziologischen Bindungen auf der ganzen Welt eine große Familie sind oder wir müssen hinnehmen, dass die Spaltung immer mehr zunimmt, die die Welt prägt. Wenn der Osten dem Westen und der Norden dem Süden sich in einem Konflikt gegenüberstehen, mit welchen unausdenkbaren Folgen. So muss sich die Menschheit entscheiden zwischen Dunkel und Licht, zwischen Zentriertheit auf sich selbst oder der Zentriertheit auf Gott. Das bedeutet, entweder miteinander oder gegeneinander, je nach dem, von wo die Motivation ausgeht.

Nur ein geringer Teil der Menschheit, versucht, eine neue Lebensanschauung zu finden und nach ihr zu leben, um so auch Zeugnis für ein neues Menschsein abzulegen. Jedoch die große Masse der Menschheit lebt nach alten Mustern weiter, geprägt von Egoismus und Selbstbesessenheit und fern von Ganzheit, Gemeinsamkeit und Streben nach Heilsein. Die Masse ist geprägt von nationalen Materialismus. Lasst uns essen, trinken, lustig sein, denn morgen sterben wir, dann ist so wie so alles aus.

Wenn wir die Entwicklungen in der Welt betrachten, geschieht vor unseren Augen der Niedergang der Menschheit, der rasche Abstieg in die Dunkelheit. Wie groß auch die technologischen und materiellen Fortschritte sein mögen, die Menschheit hat ihre Seele verloren, ihren göttlichen Mittelpunkt. Hier im Westen beten wir nicht Gott an, sondern den Mammon. Das bringt uns in Riesenschritten in die weltweite Krise, egal wie wir sie nennen: Apokalypse, Sintflut, Armageddon.

Jeder einzelne von uns wird sich bald entscheiden müssen, wofür er eintreten will, weiterhin dem Untergangstrend zu folgen, evtl. auch durch nichts tun, oder sich seiner Spiritualität bewusst zu werden. Er wird dann in Gedanken, Worten und Taten bekräftigen müssen, ob er bereit ist, in das goldene Wassermannzeitalter, das Zeitalter von Frieden und Fülle einzutreten. Wer sich den Gedanken und Taten des neuen Zeitalters anschließt, muss neue Gedanken fassen.

In unserer Zeit tritt die holistische Weltbetrachtung zu Tage, eine große Hoffnung in unserem erschüttertem Zeitalter. Wir entdecken wieder die Weisheit der Alten, das Universum ist Geist und das Leben in seiner Vielfalt eine vielschichtige Einheit, dass die Erde ein Ganzes ist, ein lebendiges Wesen, dessen Gehirn und Nervensystem zu sein die Menschheit ausersehen ist. Dass der ätherische Raum ein Ozean des Lebens und der Intelligenz ist und dass der menschliche Geist sich mit dem höherem Geist verbinden und Wissen unmittelbar aus der spirituellen Welt beziehen kann. So kann die

Menschheit auf dem Weg zu mehr und höherem Bewusstsein fortschreiten und das Selbst verwandeln. Da die Menschheit selbst ein großer Organismus ist, dessen Zellen wir bilden und die wiederum in der höheren Intelligenz verankert ist, ist das Schaffen einer Verbindung zu der höheren Intelligenz von größter Bedeutung, um inspiriert zu werden.

In einer Zeit voller Spannungen, in der der nationale Intellekt allein nicht ausreicht, um die weltweiten Probleme zu lösen, kann die Verbindung mit unserem höheren Selbst und den Meistern der spirituellen Hierarchien unser Denken positiv erleuchten, uns also neue Hoffnung geben.

Diese ist ein Faktor, der in der alltäglichen Politik, Ökonomie, Ökologie überhaupt nicht in Betracht gezogen wird. Wir müssen uns einfach mit der Tatsache vertraut machen, dass das Universum Geist ist, eine lebendige geistige Einheit, auf deren Führung wir uns innerlich einstimmen können und zu der wir vollstes Vertrauen haben können. Es ist von großer Wichtigkeit, dass wir entsprechend unseren Fähigkeiten lernen, uns auf die lebendigen Lichtkräfte einzustimmen, denn offensichtlich dringt ein hoher Lichtstrom von hoher Solarfrequenz, in diese Zeit, in die materielle Ebene ein. Er hebt das Schwingungsniveau und öffnet das Bewusstsein für Visionen der vierten Dimension.

Mit dieser Tatsache, die für das Überleben auf dieser Welt entscheidend sein kann, müssen wir uns auseinandersetzen. Dann werden wir entdecken, dass die erlösende Kraft, die göttliche Hilfe, das Erkennen zum richtigen Handeln in diesem Lichtstrom der Liebe zu finden ist.

9.
Weltentwicklung

Wenn man sich die Ereignisse in der Welt und die Entwicklungen, sei es wirtschaftlich, politisch, gesellschaftlich anschaut, so erscheinen die Vorgänge sinnlos, unverständlich, ohne Logik, unbegreiflich.

- Warum werden Nahrungsmittel täglich tonnenweise vernichtet, während täglich Zehntausende Menschen, besonders Kinder vor Hunger sterben, seit Jahrzehnten ?
- Warum wird die Umwelt seit vielen Jahren ausgebeutet und zerstört ?
- Warum werden weltweit Waffen produziert, obwohl die Menschen keinen Krieg wollen und warum kommt es trotzdem zu Kriegen ?
- Warum wird eine abhängigmachende Technologie und Medizin vorangetrieben, während alle echten Alternativen benachteiligt, unterdrückt oder (im Falle Krebs, AIDS, usw.) sogar verheimlicht werden ?
- Warum werden die Menschen weiterhin zu Fleischkonsum angehalten, obwohl der Mensch ohne Fleisch problemlos leben kann ? Fleischkonsum und damit Fleischproduktion ist in bezug auf Gesundheit, Weltwirtschaft und Nahrungsmittelverteilung nachteilig, ganz zu schweigen von Fragen der Ethik und des Karmas.
- Warum ist Propaganda für Zigaretten und Alkohol nicht verboten, obwohl diese Drogen gesundheitsschädigend für die Volksgemeinschaft sind ?

- Warum werden Menschen durch Medien (TV + Radio, Zeitungen, Internet usw.) mit nutzlosen Informationen angefüllt und mit Morden, Action und Sexagitationen unterhalten, obwohl erwiesen ist, dass die Menschen dadurch nicht glücklicher werden und auch nicht weiser?
- Warum unterstützt die Elite der Mächtigen angesichts der herrschenden Probleme und Gefahren immer extremere Formen der Wissenschaft (Gentechnik, Atomexperimente, High-Technologie) und Wirtschaft (Globalisierung, Zentralisierung, Monopolisierung) und unterbindet systematisch alle anderen Bestrebungen ?

Die Aufzählung des Fehlverhaltens kann fast endlos weitergehen.

Es sieht vordergründig so aus, als würde alles aus Zufällen bestehen. Man hat aber trotzdem den Eindruck, hier wirkt ein System, von langer Hand geplant, einen Nutzen verfolgend oder in einem geplanten Ziel endend, was immer das sei. Wenn ein Plan zu erkennen sein sollte, so wäre das System satanischen Ursprungs, bzw. dem Kopf, oder Köpfen ähnlicher Wesen entsprungen. Aber es wird uns immer wieder versichert, auch von kompetenten Stellen, dass es keine geplante Absicht gibt, egal welcher Eindruck entstehe.

Doch interessanterweise kursieren seit mindestens 200 Jahren umstrittene Dokument, die genau dies als Plan enthalten. Genau ist es dieser Plan, der das Geschehen am besten zu erklären vermag, was heute weltweit abläuft.

Dieser Plan beinhaltet:

Die Dunkelmänner glauben, dass die Menschheit grundsätzlich schlecht ist und deshalb bei Bedarf beherrscht werden darf und muss. Da die Menschen ein schlechtes Wesen haben, kann man ihnen nicht mit guten Mittel beikommen, sie würden Freiheit, Wohlstand, Freizeit nur missbrauchen. Sie würden ihre schlechten Seiten ausleben, was zu einem unkontrollierten Chaos führen würde. Man muss ein kontrolliertes Chaos herbeiführen und daraus eine neue Weltordnung schaffen. Dies ist dann absolut beherrschbar und jedes neue Chaos lässt sich leicht erkennen und im Keim ersticken. Außerdem ist aus allen Krisen großes Geld zu machen. Genau diese Ziele dienen jenen Machtinstanzen, die man anonym mit dem Begriff Illuminaten (Erleuchtete) bezeichnen kann.

Ob man an die vorgenannte Theorie glaubt oder nicht, ist jedem selbst überlassen. Dasselbe gilt für die Illuminaten und wer zu ihnen zu zählen ist. Wichtig wäre nur, wenn das Denken über das Weltgeschehen und seinem unlogischen Verlauf für uns keinen Sinn ergibt, sich einmal Gedanken in der vorgenannten Richtung zu machen. Könnte das so stimmen und ergibt sich draus eine Logik, bleiben unbeantwortete Fragen.

Jeder sollte sich fragen, ob er bereits in das System eingebunden ist, ohne das er es merkt, oder wo er mithilft es zu erhalten. Ob er aussteigen will oder kann.

Wer erkennt, wo diese negative Entwicklung hinsteuert, kann das ihm Mögliche verhindern oder wenigstens nicht diese Entwicklung begünstigen. Damit leistet er einen Beitrag zur positiven Umkehrentwicklung zum Wohl der Menschheit und der Erde.

10.
Hilf dir selbst – dann hilft dir Gott

Dieser Spruch hat für viele Menschen einen negativen Beigeschmack, sie sehen es als eine kleine gutmütige Gotteslästerung an, zumindest als unchristlich und wollen mit dieser Formulierung nichts zu tun haben. Aber diese Sprichwort enthält soviel Wahrheit und Realismus und es würde jedem gut stehen, sich dafür zu begeistern.
Wenn man in Schwierigkeiten ist, genügt es nicht niederzuknien, die Hände zu falten, zum Himmel aufzuschauen und Gott zu bitten, die Sache in die Hand zu nehmen. Das naive Vertrauen darauf, das damit alles gut wird, Gott bereits zur Abrufung für die Hilfe bereitsteht, entspricht dem kirchlichem Kinderglauben.
Wer bereit ist, sich mit seinen Problemen auseinander zu setzen, also versucht für sich eine Lösung, einen Weg zu finden und dazu Gott, den Himmel um Hilfe bittet, der bekommt Hilfe und Kraft zugeführt. Es tun sich Lösungen und Wege auf, die vorher nicht gesehen wurden. Dieser Spruch bedeutet auch, dass ich es selbst tun will, somit unterlasse ich es, die anderen für meine Probleme einzuspannen. Es bedeutet fast ein Befehl „hilf dir selbst", ich solle es tun, ich kann es , ich schaffe es. Habe ich das getan, dann hilft mir Gott, Gottes Hilfe wird mir zugesichert, er unterstützt mich. Was kann dem passieren, dem Gottes Hilfe zugesichert ist. Er ist der mächtigste Verbündete, um ein Werk zu vollenden, um ein Problem zu lösen. Welch eine Sicherheit erwächst daraus, dass das Werk gelingt.
Der Kosmos, das Universum ist daran interessiert, dass derjenige, der selbst etwas tut, sich selbst um seine

Schwierigkeiten kümmert, nicht scheitern darf, bzw. dass er Erfolg hat. Wer sich also selbst um seine Probleme kümmert, ist immer auf der Seite der Gewinner. Sein Bemühen, sein Streben nach Lösungen werden ihm immer reichlich gelohnt. In welcher Form die Hilfe kommt, liegt nicht fest. Mit dem Vertrauen auf die Hilfe Gottes, kommt auch die Hilfe. Diese, mit der eigenen Tat verbunden, lässt das Werk gelingen.

Gott und ich als Partner, welches mächtige Bündnis, welche positive Aussichten.

11.
Menschlichen Verstickungen

Zwischen der niederen Natur und der höheren Natur im Menschen gibt es bei jeder Situation eine Beeinflussung und jeder der beiden Seiten versucht den Wettstreit zu gewinnen. Nehmen wir als Beispiel an, wir haben eine Beleidigung, eine Kränkung erfahren. Das niedere Selbst rät, erteile dem Gegner eine Lektion, schlage zu. Dagegen rät das höhere Selbst, mach dir nichts draus, lass es gut sein, verwerfe, verwandle, vergeistige die Kränkung.

Jetzt beginnt die geistige Arbeit, wenn wir dem höheren Selbst Folge leisten. Wir müssen zunächst dem Himmel dafür danken, dass er uns die Anfeindung geschickt hat, jetzt haben wir eine Gelegenheit an uns zu arbeiten, uns zu entwickeln, zu wachsen. Der Mensch, der sich entwickeln will, jammert und klagt nicht, er hört nicht auf sein niederes Ich, verfällt nicht in Beleidigungen, Kränkungen, Gefühlsduselein, Launenhaftigkeit, Verwirrung und innere Unruhe. Er bleibt ruhig und gelassen und macht das Beste aus dem, was ihm wiederfährt.

Eine Möglichkeit besteht darin zu verzeihen. Um dem zu vergeben, der einem Böses tat, muss man großmütig, und stark sein, voll Geisteskraft und Licht, dann gibt es keine Rachegedanken. Man sollte sich sagen: Ich verzeihe ihm, denn der Arme ahnt nicht in welche widrige Lage er sich gebracht hat, er wird das Böse sühnen müssen, das er mit angetan hat. Diese Gedanken des Mitleids, der Nachsicht und der Liebe machen es leicht, den Edelmut des Vergebens zu praktizieren. Wenn auch der Gegner im Augenblick glaubt einen Sieg über uns errungen zu haben, so muss er doch auf eine Art dafür wieder bezahlen, weil das Universum gerecht ist und ohne Ausgleich nichts durchgehen lässt.

Man kann sich seiner Feinde auch nicht dadurch entledigen, dass man übel über sie spricht, Bosheit mit Bosheit, Verleumdung mit Verleumdung und Zorn mit Zorn zu vergelten sucht. Um sich vor Feinden zu schützen, muss man sich in höhere Ebenen begeben, damit die feindseligen Schwingungen uns verfehlen. Dieses kann man über Gebet, Wille und Meditation erreiche, sich in Licht und Liebe bewegen.

Sind die feindlichen Gefühle bis zum Hass gesteigert, so muss man wissen, dass Hass an den Gegner kettet und nichts vermag die Fesseln zu lösen, man bleibt mit ihm fortwährend verbunden und hat immer wieder mit ihm zu tun. Hass ist eine Macht, genauso stark wie die Liebe und bindet zuverlässig und wirksam. Man kann nur eine Auflösung bewirken, durch Liebe und Vergebung.

Jesus hat dazu gesagt, weil er das Gesetz kannte: Liebet euer Feinde, tut Gutes denen, die euch hassen und Vater vergib ihnen, denn sie wissen nicht, was sie tun.

Laßt uns unseren Feinden vergeben, im eigenen Interesse.

12.
Deutschland

Ich bin Deutscher und ich bin gerne Deutscher und stolz auf mein Vaterland. Deshalb berührt es mich besonders schmerzlich wenn Deutschland eine sehr negative Entwicklung macht.

Wir bewegen uns abwärts und entwickeln uns zu einer unbedeutenden Nation in Europa und in der Welt. Zur Zeit ist die Aussicht auf positive Entwicklung nicht in Sicht. Wenn sich etwas ändern, wenn es zur Trendwende kommen soll, ist als erstes notwendig, dass wir als Deutsche wieder Selbstbewusstsein und Selbstvertrauen haben und die anstehenden Probleme auch mit dem nötigen Selbstbewusstsein und Selbstvertrauen angehen.

Wir haben für die zwei verlorenen Weltkriege bezahlen müssen, materiell und geistig, dabei ist besonders unser Selbstvertrauen auf der Strecke geblieben. Ich sage nicht wir waren unschuldig, aber auch die anderen Völker waren keine Unschuldslämmer. Die Engländer waren in Indien, China, Naher Osten und bei den Buren keine Heilsarmee. Die Franzosen keine Engel in Algerien und in ihren Kolonien. Denkt man an die Transporte der gefangenen Sklavenfamilien in die neue Welt, waren da die Amerikaner Pfadfinder? Aber alle Greueltaten sind in Vergessenheit geraten und geschickt verwischt worden.

In allen Kriegen sind dem Gegner Greueltaten nachgesagt worden, die nur Teilwahrheiten waren oder nur Lügen zur Demoralisierung des Gegners und Aufputschung der eigenen Bevölkerung, es ist üblich in Kriegszeiten und eine normale Handlung, allgemein.

Nach dem Krieg haben immer die Politiker der betroffenen Nationen diese Propaganda wieder korrigiert, bzw. für unwahr erklärt, was davon unwahr war. Leider haben die deutschen Politiker nichts dafür getan, die Andichtungen der Greueltaten, die Unwahrheiten zu verändern. Sie haben alles treu und brav geschluckt und sich noch demütig an die Brust geschlagen. Die Politiker haben uns zwar wieder Ansehen im Ausland verschafft, dieses war allerdings durch unsere gute Wirtschaftslage bedingt und hat uns manchen hohen Preis gekostet. Wir waren fast immer die außergewöhnlichen Zahler oder Spender. Das Motto des Auslandes war, Geld und Wirtschaft ja, politische Ansehen und Gleichberechtigung, nein.

Das Ausland hat uns akzeptiert, aber uns als Sündenbock bis heute gehalten. Damit können die anderen Nationen von ihren Untaten ablenken und brauchen ihre Vergangenheit nicht aufzuarbeiten. Die vielen nur in Deutschland errichteten Denkmäler der Kriegsgeschichte haben mit der Sündenbocksituation zu tun, es soll diesbezüglich nichts in Vergessenheit geraten, bei uns und den anderen.

Den Politikern Deutschlands, egal welcher Parteifarbe zugehörig, ist vorzuwerfen, dass sie für die deutsche Nation und das Volk nichts getan haben, bzw. nichts Bedeutendes erreicht haben, was uns Ansehen gebracht hat. Sie haben sich vom Ausland mit Doktor-Hüten, Orden und Ehrungen überhäufen lassen und waren zufrieden damit.

Wir Deutsche haben große Defizite, die längst der Bereinigung bedurft hätten, aber sie sind nicht ernsthaft angegangen worden.

Dazu zählen:
1) Wir haben bis heute keinen Friedensvertrag
2) Unsere Ostgebiet Oder/Neisse wurden leichtfertig grundlos verschenkt
3) Benesch Dekrete bestehen bis heute, wurden weder aufgehoben, noch dementiert
4) Wir zahlen heute noch an den Reparationskosten des 1. Weltkrieges
5) Die Archive der Siegermächte sind bis heute nicht geöffnet, was die jüngste Vergangenheit betrifft
6) Der Artikel 7 des Deutschlandvertrages, der jede Geschichtsforschung verbietet, hat noch Gültigkeit und ist 1953 wieder von den Siegermächten erneuert worden
7) Unsere Goldreserven liegen nur zu ca. 2-5 % in Deutschland, der andere große Anteil in Amerika und England. Welchen Grund gibt es dazu ?

Es sind ein paar Nennungen, die noch weiter ergänzt werden könnten.
Wenn es für einen Politiker wichtiger ist, in das Geschichtsbuch eingetragen zu werden und vor der Völkergemeinschaft gut dazustehen, statt die deutschen Interessen wahrzunehmen, dann ist er es nicht wert für sein Volk an der Spitze zu stehen. Die Politiker haben Duckmäusertum betrieben, sie haben sich nicht mir der deutschen Nation identifiziert. Ihr Herz gehörte nicht ihrem Volk. Sie waren den anderen Nationen mehr willfährig und haben fast allen Forderungen an uns nachgegeben. Mit ihrem Verhalten haben sie auch Einfluss auf die Bevölkerung genommen, diese hat, was

die Politiker taten und für gut hießen, übernommen und sich diesem Verhalten angepasst.

Somit konnte sich kein Selbstbewusstsein entwickeln, es blieb bei dem, was die Siegermächte für uns vorgesehen hatten, demütiges, reuiges Sündertum, solange es geht, aus bewussten Gründen.

Wenn uns bewusst wird, dass Selbstbewusstsein ein wichtiger Faktor ist, unsere deutschen Probleme mit guten Aussichten anzugehen, warum tun wir es nicht, was hindert uns daran. Wir können uns selbstbewusst fühlen, weil wir eine große Nation sind, mit einem fleißigen innovativen Volk, das in der Vergangenheit großes geleistet hat, geistig und materiell und auch in Zukunft leisten wird. Wir werden uns weiter einbinden in die Völkergemeinschaft als eine verlässliche Nation. Wir werden nicht um Anerkennung winseln, aber auch nicht Speichel lecken und wir werden unsere vorenthaltenen Rechte einfordern. Wir werden uns nicht weiter beschimpfen lassen, weil wir gleichberechtigt mit anderen Nationen und Völker sind.

Der Himmel möge meinem Vaterland, meinem Heimatland Deutschland Politiker und Einwohner geben, deren Herz für Deutschland schlägt, und die wieder ein gesundes Selbstbewusstsein haben, damit es mit Deutschland wieder aufwärts geht.

Mir geht es nicht darum uns Deutsche als Engel zu sehen oder etwas zu verschweigen, sondern um Vergangenheitsaufarbeitung in Freiheit, Gleichheit und Brüderlichkeit. In Gleichheit und Ehrlichkeit die Vergangenheit aufarbeiten, vergeben und verzeihen, aber nicht vergessen, sondern nützliche Lehren für die Zukunft daraus ziehen. Es ist falsch immer wieder Salz auf eine Wunde zu streuen und sie offen zu halten, sie muss verheilen und die Narbe davon muss Erinnerung sein, nicht noch mal dasselbe zu tun.

In der Mozartoper – Die Zauberflöte – heißt es an einer Stelle: In diesen heiligen Hallen kennt man die Rache nicht und ist ein Mensch gefallen, ist Liebe seine Pflicht, man nimmt ihn an der Hand und führt ihn in ein besseres Land.

Ich wünsche mir und uns, dass die Welt zu heiligen Hallen wird und die Völker sich gegenseitig in ein besseres Land führen, wie im Lied besungen.

13.
Krank sein

Lauscht man unbeteiligt den Gesprächen der Menschen, so hat man das Gefühl, es gibt nur ein Thema und das heißt: „Krankheit".

Über die eigenen Krankheiten oder Krankheiten allgemein zu reden, ist immer aktuell, immer interessant und immer von großem Interesse auch für Zeitschriften und Fernsehen. Jeder ist kompetent, jeder weiß etwas zu berichten, jeder hat einen guten Ratschlag, jeder weiß, wie wer sein Problem gelöst hat, jeder kennt ein gutes Mittel oder einen guten Arzt.

Wenn über das Thema Krankheiten so viele Gespräche geführt werden, müssen sich auch vorher viele Gedanken darüber gebildet haben, man muss sich mit dem Gesprochenen, als Krankheiten vorher viel beschäftigt haben.

Es dürfte bekannt sein, dass Gedanken sich verwirklichen, Gedanken, die wir in uns nähren, verkörpern sich im Materiellen. Die Gedanken an Krankheit fördern, ob wir es wollen oder nicht den Krankheitszustand, bzw. das Negativum der Krankheit. Wie förderlich wäre ein Verbannen des schädlichen Denkens, es würde dem Heilungsprozess und dem nicht Krankheitszustand zugute kommen.

Zu allem Unglück ist die Öffentlichkeit im höchsten Maße an Krankheitsfragen interessiert und von der Reklame für Heilmittel beeinflusst. Das starke Beschäftigen und reden über Krankheiten führt dahin, dass man glaubt, dass Krankheiten etwas naturgegebenes im menschlichen

Leben seien. Außerdem ist es schick in Krankheitsfragen kompetent zu sein.

Somit gebraucht der Mensch seine schöpferische Kraft, um Negatives hervorzurufen, bzw. zu begünstigen. Er widmet sich den kleinsten Krankheitssymptomen mit größter Sorgfalt und schildert sie anderen Leuten in ausführlicher bunten Beschreibung. Dem kleinsten körperlichen Schmerz wird größte Beachtung geschenkt. Wenn sein Beklagen mit Mitgefühl angehört wird, ruft es bei ihm tiefe Genugtuung hervor. Man buhlt mit der Krankheit um Anerkennung. Wie unbedeutend Symptome auch sein mögen, durch die Beachtung und das Mitgefühl, das sie erwecken, werden sie immer schwerwiegender, gefährlicher. Beispielsweise eine kleine Erkältung gibt oft Anlass einen Arzt aufzusuchen. Nimmt er die Sache ernst, ist der Patient befriedigt, steht er doch jetzt in einem gewissen Mittelpunkt des Interesses. Die Familienangehörigen und Bekannte glauben, es sein ein schwerwiegender Fall und des Mitgefühls würdig. Von ihnen aus gehen dann Gedankenschwingungen, Schwingungen in Richtung Kummer und Sorge wegen des Gesundheitszustandes. Die Krankheitssymptome werden durch die Sympathien, durch die Anteilnahme noch verstärkt, weil die Anteilsgedanken, die an den Kranken gehen negativ sind.

Das Angedeutete ist ein Teufelskreis und lässt sich nur mit Wissen durchbrechen. Das so durch das eigene Krankheitsdenken entstandene Theaterstück, verstärkt durch die Anteilnahme, geht dann als wirkliches Drama über die Bühne. Dir Furcht vor Krankheiten und das dauernde beschäftigen, das reden über Krankheiten führt zur innerlichen Vorstellung und es kommt zur Verkörperung in der Welt der Materie, im Alltag.

Krankheit erst durch den Geist des Menschen erschaffen, ist eins unserer größten Übel, wir produzieren selbst ein Feind gegen uns, wir werden die Geister, die wir riefen nicht mehr los.

Wenn es uns gelingt, die übermäßige Beschäftigung mit Krankheiten gedanklich, wie auch real zu reduzieren, haben wir einen Heilungsprozess eingeleitet, der keine Kosten verursacht hat und dauerhaften Erfolg garantiert. Weniger Angst eine Krankheit zu bekommen, nimmt bereits die Energie von den Entstehungsbedingung.

Es sollte uns wieder reizen, den Leuten von unserer Gesundheit zu erzählen und wie wir sie uns erhalten, statt zu klagen von Unwohlsein, Krankheit, Arzneien und Arztbesuchen.

Wir sollten uns vom Tierreich Anregungen holen. Inspirieren sollten uns die Luftsprünge der Springböcke und Garzellen, mit denen sie den Raubtieren bei der Verfolgung ihre Kraft demonstrieren, womit sie ihnen sagen, bei mir habt ihr keine Chance, ich bin stark und gesund.

So sollten wir mit der Demonstration unserer Gesundheit, mit dem Ausdruck Kraft und Freude der Krankheit (bildlich) demonstrieren bei mir hast du keine Chance.

Kranksein sollte unmodern werden. Gesundsein muss wieder als schick gelten.

14.
Gesundheitsreform

Wenn von Gesundheitsreform die Rede ist, dann geht es fast immer um die Krankenkassen und deren Beiträge und ihre Leistungen, Ärztehonorare, Krankenhauskosten und Versorgung, sowie um Medikamente.

Auf Grund der fortgeschrittenen Medizin, sind die Kosten pro Behandlung für den einzelnen Patienten enorm gestiegen. Teure Medikamente, Chemobehandlung, Organverpflanzungen, Krankenhauskosten, kostspielige Operationen, viele Einsätze von teuren Apparaten lassen die Krankenkassen ausbluten. Außerdem sind die Beiträge wegen der wenigerwerdenden Beschäftigten sehr zurückgegangen. Die Menschen werden allgemein älter, mithin brauchen sie auch längere medizinische Versorgung.

Reformen sind dringend notwendig, um die Gesundheitssysteme zu sichern, sie nicht zusammenbrechen zu lassen.

Was aber viel dringender wäre, ist eine Gesundheitsreform bei dem Patienten, seine Gesundheit und was er dafür hält, müsste reformiert werden.

Der Großteil der Menschen in der westlichen Region lebt nicht gesundheitsbewusst. Sie missbrauchen ihren Körper aus Unwissenheit und Genusssucht. Das unmäßiges Essen, Trinken von Alkohol, Rauchen, Drogen, übermäßiger Fleischgenuss und Süßigkeiten zu Schäden führen, ist hinreichend bekannt.

Da aber falsche Ernährung die Hauptursache von Krankheiten und Gebrechen ist, muss eine Gesundheitsreform hier ansetzen. Der einzelne Mensch muss sich im eigenen Interesse mit der richtigen Ernährung auseinandersetzen. Er muss sich darüber klar werden, was seinem Körper nutzt oder was ihm schadet. Dabei ist es sehr wichtig die angehefteten Etiketten von Produkten die zum Verzehr anstehen, abzumachen, bzw. sie zu durchschauen. Der Verbraucher muss durchblicken, welche Produkte mit Politikum oder verkaufsfördernden Empfehlungen und entsprechenden Maßnahmen belegt sind, um Umsätze zu erzielen oder eine Sparte mit Verkaufsankurbelung zu helfen. Es wird Gesundheit ausgelobt, ohne zu berücksichtigen, welche Schäden für den Verbraucher entstehen können. Der Verbraucher ist oft dabei nur Mittel zum Zweck, auf seine Kosten erfolgt die Bereicherung.

Es ist sehr wichtig, dass der einzelne Bescheid weiß, was die Nahrungsmittel für ihn bewirken, welcher Nutzen für seinen Körper von ihnen ausgeht oder ob sie schädlich sind.

Einige Beispiele dazu:

<u>Fleisch</u> enthält zahlreiche Abfallprodukte, die dem Körper nicht zuträglich sind. Fleisch enthält landwirtschaftliche, medizinische und industrielle Giftstoffe z.B. Herbizide, Pestizide, Fungizide, Antibiotika, wurmtötende Mittel, Wachstumshormone, Medikamente sowie Urin. Fleisch enthält impotentmachende weibliche Wachstumshormone. Weiterhin Fett und Cholesterin, dass die Arterien belastet und das Risiko für Schlaganfall erhöht. Der Eiweißüberschuss schädigt die Nieren, entmineralisiert die Knochen und macht das Blut sauer. Fleischverzehr führt zu unangenehmem Körpergeruch.

<u>Milch</u> ist reich an Fett und Cholesterin. Zuviel Fett und Eiweiß schädigen den Körper. Milch ist eines der

stärksten bekannten Allergene, sie enthält mehr als 100 verschiedene Verbindungen die Allergene hervorrufen. Milch ist schwer verdaulich, klumpt im Magen und führt zu Gasbildung und Verstopfung, weil den meisten Menschen das Enzym Laktose fehlt, welches zur Verdauung benötigt wird. Milch enthält Umweltgifte u.a. Strontium 90 und Jod 121. Die konzentrierten Umweltgifte führen zu degenerativen Krankheiten, wie Multiple Sklerose, Arthritis, Herzkrankheiten, Krebs und Diabetes. Wo der pro Kopf Verbrauch von Milch am höchsten ist, in diesen Ländern ist auch das Krankheitspotenzial am höchsten.

Käse enthält 10 x so viel Fett wie Vollmilch und diese Fette sind oft ranzig (oxidiert) und voll von Radikalen.

Zucker liefert leere Kalorien, er enthält keine Nährstoffe und raubt dem Körper wertvolle Vitamine und Mineralien. Zucker beeinflusst den Blutzuckerspiegel, setzt das Drüsensystem in Alarmbereitschaft und belastet die Bauchspeicheldrüse. Zucker stört das ökologische Gleichgewicht im Körper, schwächt das Immunsystem und fördert das Wachstum schädlicher Hefen und erhöht den Blutfettspiegel.

Brot und Körner führen zu Verkleisterung.

Wenn hier nur ein paar Produkte behandelt wurden, dann stehen diese stellvertretend für viele andere, außerdem kann es nur andeutungsweise sein. Was am meisten für den Körper zuträglich ist, ohne Nachteile zu bewirken, ist Obst in jeder Form im Urzustand. Es ist gut verdaulich und liefert dem Körper die notwendigen Vitamine und Mineralien. Dasselbe trifft für alle Rohkostarten zu.

Kochen zerstört die meisten Vitamine und Mineralien und macht die Nahrung zur toten Kost, die dem Körper fast nichts zur Ernähung liefert.

Obst ist beispielweise immer in einer Art verfügbar. Der Verzehr ist an keinen Ort, keine Verzehrform gebunden. Die aufgenommene Energie ist sofort für den Körper verfügbar.

Bei einer guten Ernährung wird der Körper gesund erhalten, er wird weniger krankheitsanfällig und erlittene Krankheiten können sich wieder zurückbilden. Der Mensche lebt so im Wohlbefinden, ist leistungsfähiger und lebt beschwerdefrei.

Der Mensch muss seine Ernährung reformieren, die notwendigen Änderungen bedürfen keines Aufschubs, weil zuviel wertvolle Lebenskraft zerstört wird, mutwillig oder unwissend. Es bedarf einer groß angelegten Aufklärungsaktion, um eine gute Gesundheit dem Menschen nahe zu bringen, um zu verdeutlichen, welchen enormen Nutzen er daraus ziehen kann, ohne Nachteil zu haben. Der Einzelne muss lernen, welche große Bedeutung die Ernähung hat, was er selbst zu seiner Gesundheit leisten kann. Ihm muss klar werden, dass Krankheit bereits eine Folge der falschen Ernähung ist und die Ärzte bei Krankheit Reparaturen an seinem Körper ausführen müssen, die er selbst hätte vermeiden können.

Er muss wissen, dass kein ferner Gott oder ein Schicksal mutwillig einen Schlaganfall, Herzinfarkt oder Rheuma schickt, ihn straft, ihn als unschuldiges Opfer ausgesucht hat. Seinen Beitrag zu seinem Krankheitszustand hat er selbst geleistet, sei es durch ausschweifendes Leben oder durch falsche Ernähung, indem er seinen Körper nicht das zukommen ließ, was er brauchte, oder das nicht fern hielt, was er nicht gebrauchen konnte.

Es muss den Menschen klar werden, dass sie Leistungen für ihre Krankheiten aus dem Solidarfond erhalten, weil sie eingezahlt haben, aber sie fallen als Kranke auch der Gemeinschaft zur Last. Die Berechtigung, aus der Solidarkasse Leistungen zu erhalten, darf nicht zur Ausnutzung der gegebenen Möglichkeiten führen. Das Bestreben jedes einzelnen muss sein und werden, keine Leistung zu brauchen und zu wollen. Gesundsein muss wieder höher im Ansehen stehen und stolz machen, als von Krankheit getroffen bemitleidet zu werden.

Die Politiker müssen aufhören Reformen an den falschen Stellen anzumahnen. Reformen dort anzusetzen und darüber zu predigen, wo sie keine Verbesserungen bringen, sondern dort, wo es den Menschen nützt und es auch Erfolg bringt. Die Politiker müssen Systeme schaffen, wo weniger krank sein sich auch in Beitragsnachlass auswirkt. Gesundsein muss auch materielle Vorteile bringen, damit es auch als Anreiz fungieren kann.

Die Pharmaindustrie sollte Arzneien oder Heilmittel produzieren die den Patienten heilen und nicht nur am Leben erhalten.

Die Ärzte sollten auch zur Ernährungsumstellung beim Patienten ihren Beitrag leisten und dafür von den Krankenkassen entsprechend entlohnt werden. Ihr Honorar sollte sich nach ihren gesunden Patienten richten, die keine Versorgung brauchen.

Die Umstellung der Menschen auf eine andere Ernährung wird nicht leicht fallen, aber eine enorme

Kostenentlastung bringen. Es ist ein Ziel, für dass es sich lohnt zu werben und zu arbeiten.

Das ganze Geheimnis sein Leben zu verlängern, besteht darin, es nicht zu verkürzen.

Eigene Gesundheitsreform ist der beste Weg dazu. Packen wir es an.

15.
Loslassen

Dinge aufgeben die nicht mehr dienlich sind, sie segnen und loslassen, das ist Befreiung und führt zu Wachstum. Loslassen = Wachstum, ohne Loslassen also kein Wachstum.

Alles, was in unser Leben tritt, will uns etwas lehren. Hat uns eine Person oder eine Sache genug gelehrt, wird oder muss sie uns wieder verlassen, damit wir neues lernen können für unser Wachstum, für unsere Entwicklung. Wir erfahren weniger Leid, wenn wir freudig loslassen und Neues willkommen heißen. Es ist bekannt, dass eine Ursache für Leid, Bindungen sind, das Festhalten an der momentanen Situation. Es bringt eine Versteifung und Verfestigung, aber kein Wandel, keine Erneuerung, kein Fortschritt. Manchmal nehmen wir Leid in Kauf um den Preis der Nichtveränderung.

Da die Veränderungen in unsere Grundelemente der Persönlichkeit eingreifen, sind sie so schwer zu vollziehen. Dazu gehören Werturteil, Standpunkte, Glaubensvorstellungen, dazu gehören auch die kleinen Dinge des täglichen Lebens, die eine Veränderung bedürfen und sich im Bereich der liebgewordenen Gewohnheiten bewegen. Kleine Dinge sind oft leichter anzugehen und ermuntern zu Steigerungen, die größeren Dinge anzugehen. Schauen wir uns die Dinge an, die wir gerne loswerden wollen und bitten unser höheres Selbst uns zu helfen, alles aufzugeben, was nicht unserem höchsten Wohl und Fortschritt dient. Verschwindet dabei etwas aus dem Leben was nicht geplant war, so müssen wir es trotzdem freigeben, weil die Stelle mit etwas anderem ausgefüllt werden soll, was wir noch nicht erkennen können. Lösen wir uns von der Vorstellung, es müsste so kommen wie wir uns es wünschen. Das Universum, unser höheres Selbst ist vollkommen. Vertrauen wir darauf, dass alles vollkommen ist, was geschieht, auch dann, wenn es um unser Wohl geht. Keine Sorgen, wie es kommt oder dass es kommt, es kommt und Vertrauen hilft den göttlichen Plan zu erfüllen.

Bitten wir das Universum, unser höheres Selbst, Gott, um Unterstützung unserer Bitten, dann sollten wie die Formulierung wählen: „Herr gib mir nicht, was ich mir wünsche, sonder was ich brauche."

16.
Neid

Neid, ist die Angewohnheit, statt der eigenen Glückgüter, die der anderen zu zählen, so hat es Freiherr von Freudtesleben definiert.

Beim Zählen wird dann oft nicht so genau darauf geachtet, ob die Menschen, die diese Güter besitzen, auch Glück und Zufriedenheit mit ihnen erleben. Eine Villa, ein großes Auto, ein Schwimmbad im Garten, wer könnte denn inmitten von so einer malerischen Fülle Probleme haben? Dieser Trugschluss ist typisch für die, welche neidischen Blickes andere beobachten.

Wer allerdings weiß, worauf es im Leben ankommt, entwickelt gar keine Missgunst gegen Menschen, denen es (scheinbar) sehr gut geht. Der Neid der Menschen zeigt an, wie unglücklich sie sich selbst fühlen, ihre beständige Aufmerksamkeit für fremdes Tun und Lassen, wie sehr sie sich langweilen.

Entdecken wir also Gefühle des Neides in uns, dann sollten wir das als Hinweis nehmen, dass wir uns vielleicht stärker unserem eigenen Dasein widmen sollten. Was sind unsere Ziele, wo würden wir gerne mit unseren Wünschen und Sehnsüchte landen und wären wir dann zufrieden und glücklich. Gibt es nicht auch jetzt bereits jede Menge echtes Glück um uns herum, das Beachtung verdient. Sehen wir es überhaupt bei uns oder ist es schon Selbstverständlichkeit.

Wir leiden fast immer an dem, was wir nicht besitzen, was wir gerne hätten, was uns fehlt. Hätten wir das Fehlende, dann wären wir bestimmt zufrieden und sehr glücklich, meinen wir. Wie oft geschieht es, dass unser

Wunsch oder Wünsche durch einen glücklichen Zufall in Erfüllung gingen. Im Augenblick der Erfüllung waren wir glücklich und zufrieden, aber lange hielt der Zustand nicht an. Nach kurzer Zeit war alles wieder Gewohnheit, Selbstverständlichkeit und schon begann das Lechzen nach etwas neuem, behaftet mit den gleichen Attributen wie vorher.

Sind wir mit dem, was wir haben, wir besitzen, zufrieden, kommen keine Blicke des Neides zu den anderen auf, wir genügen uns selbst, leben in Zufriedenheit. Zufrieden sein mit dem was man hat, entzieht dem Neid und der Missgunst die Grundlage.

17.
Tod

Wenn wir jemanden fragen, ob er eine Vorstellung vom Tod hat oder was nach seinem Tod passieren wird, so überhört er zunächst diese Frage. Hakt man nach, sagt er meist, ich komme ich den Himmel, den Ort der ewigen Glückseligkeit, aber lass uns jetzt nicht darüber reden, es ist noch so schön auf der Welt.

Die meisten wollen nicht darüber nachdenken, was nach dem Tod ist. Die Ewigkeit ist für sie eine schreckliche Vorstellung, die man am besten verleugnet. Aber der Tod ist die einzige Wahrheit, der man nicht entrinnen kann und davor haben fast alle große Angst. Man kann alles überleben, nur nicht den Tod.

Wenn wir ihm nicht entrinnen können, warum beschäftigen wir uns nicht mit dem Tod und was danach kommt?

Wir verbinden mit dem Tod persönliche Gefühle, die in uns Angst, Schrecken, Grauen auslösen. Der Grund ist u.a., weil wir ihn nicht begreifen, es hat alles keinen Sinn. Die meisten Menschen verbinden mit dem Tod die Vorstellung, tot sein, kein Bewusstsein mehr, alle Lebensvorgänge im Körper hören auf zu funktionieren, damit hört der Mensch auf zu sein, endlose Bewusstlosigkeit. Wer das glaubt hat keine Probleme, er hat nichts zu befürchten, es ist ja alles aus.

Wer den Religionsgemeinschaften, besonders westlicher Prägung anhängt, für den gibt es Himmel und Hölle. Er glaubt in den Himmel zu kommen, wenn er gläubig ist und gute Werke tut, den Rest wird die Gnade Gottes tun.

Er hat auch insofern nichts zu befürchten, weil die Hölle ja den schlechten Menschen vorbehalten ist.

Wenn die Erde ein Lernplanet ist und der Mensch hier ist um Erfahrungen zu sammeln, zu denen ein Leben nicht ausreicht, so muss er wieder auf die Erde zurückkehren, um weitere zu sammeln. Dies geschieht durch die Wiederverkörperung und es geht so oft vor sich, bis er alles gelernt hat, um dann zur nächsthöheren Ebene überzugehen. Wenn diese Vision für uns zutreffend ist, bedeutet der jeweilige Tod nicht mehr als ein Umzug beim Wohnungswechsel oder ein Jahreszyklus, Wechsel der Jahreszeiten. Also auch ohne Befürchtungen.

Wir müssen daran arbeiten, die Angst vor dem Tod zu überwinden, die meist aus der Kindheit stammt, wo wir die Vorgänge noch nicht begreifen konnten. Wenn wir uns auf dieser Welt, in diesem Leben nicht bei jeder Gelegenheit vor dem Tod ängstigen wollen, müssen wir begreifen, dass wir nicht immer hier sein können und der Tod unabänderlich ist. Wir müssen lernen im Hier und Jetzt zu leben, den Augenblick zu genießen, weil jeder Augenblick eine Kostbarkeit ist. Wer ganz im Hier und Jetzt und in der Aktivität lebt, dem bleibt auch keine Zeit an den Tod zu denken und er wird ihn überraschen, ohne dass er es evtl. bewusst wahrnimmt.

Der amerikanische Erfolgsautor Robert Schuller hat in seinem Buch „Aufwärts zum Erfolg" geschrieben: Ich möchte nicht im Bett auf den Tod warten, ich möchte dass er mich beim klettern, in der Aktivität überrascht. Vielleicht sollten wir auch so denken.

18.
Engel

Ernstzunehmende nüchterne Leute versichern glaubhaft, Engel schon gesehen, ja sogar Hilfe und Schutz von ihnen erfahren zu haben. Während andererseits erst kürzlich namhafte Vertreter der Religionsgemeinschaften, Theologen, die Engel als eine vergessene Kategorie definierten und damit abschrieben.

In nicht allzu ferner Vergangenheit waren Engel noch ein natürliches und selbstverständliches Element in den religiösen Vorstellungen unzähliger gläubiger Menschen. Mehr noch, sie spielten im Denken und Handeln, im alltäglichen Leben der Menschen eine feste Rolle und die Kinder wuchsen von klein auf mit Engeln als ihre unsichtbaren Begleiter heran.

Heute scheinen hingegen nicht einmal mehr die Theologen sich ernsthaft mit ihnen befassen zu wollen. Was in einer wissenschaftlich-orientierten, eher unreligiösen Welt jedoch nicht verwundert, dass da metaphysische Fragen keine Rolle spielen. Es ist schon schwierig genug, von Gott und der Unsterblichkeit der Seele zu sprechen. Wie sollte sich da ein vernünftiger, aufgeklärter Mensch mit einem so ätherischen und ungreifbaren Gegenstand wie die Engeln beschäftigen wollen.

Engel sind die wunderbaren Wesen, die uns zur Verfügung stehen, wenn wir sie vertrauensvoll bitten uns zu helfen. Es sind himmlische Helfer, die uns helfen wollen und uns Beistand in allen Lebenslagen leisten. Die Engel sind unter uns, sie helfen und beschützen uns, führen und leiten uns, obwohl wir sie nicht sehen, spüren oder hören können.

Wir haben uns als Kinder schon mit Engeln befasst. Wir hatten unseren Schutzengel, der uns beschützt und behütet hat. Oft haben wir zu ihm gebetet und ihm unsere ganzen kindlichen Sorgen und Kümmernisse anvertraut und wir fühlten uns wohl, sicher und geborgen. Es war das Natürlichste, unseren eigenen Engel zu haben, einen der auf uns aufpasste, der nur für uns da war. Manchmal redeten wir auch mit ihm und sagten danke, wenn etwas besonders gut oder schön war. Er war unser Freund, Vertrauter und Begleiter. In der Pubertät, auf dem Weg zum Erwachsenen, ist der Engelsbezug uns meistens verloren gegangen. Die Realität hat uns erobert, da hatte das Kindsein und sein Bezug zu den Engeln keinen Platz mehr. Erwachsener sein und Engelsbezug haben, evtl. davon sprechen da hatten wir Angst abqualifiziert zu werden, auch verlachen in Kauf nehmen zu müssen.

Doch im Laufe unseres Erwachsenwerdens sind wir immer wieder mit Engelbilder und Berichten konfrontiert worden. Immer wieder wurde von Menschen berichtet, die Hilfen und Rettungen aus Not von Engeln erfahren haben. Wenn Engel also solchen Einfluss, solche Macht haben und selbstlose Helfer sind, muss es sich für jeden Menschen lohnen, mit ihnen Verbindung aufzunehmen. Jeder hat genug Schwierigkeiten im Leben, wo er himmlische Helfer gebrauchen kann.

Wie kann man nun mit den Engeln in Kontakt treten? Man denkt an sie und sagt ich brauche Hilfe. Wir können es auch einfach denken, dass wir Hilfe brauchen oder intensiv darauf konzentrieren. Wir können unsere Bitten aufschreiben in Form von Wunschzettel oder

Engelbriefen. Die Engel nehmen jede Form unserer Bitten an, laut, leise, gedacht, gesprochen oder geschrieben. Wichtig ist nur, dass wir volles Vertrauen zu ihnen haben, unsere Bitten ernst meinen, keinen Schaden anderen Menschen zufügen lassen wollen. Ihre Antworten können Vorahnungen oder Zufälle sein oder das Gefühl es einfach plötzlich zu wissen. Oder die Antworten sind konkreter. Man hat um etwas ersucht und es zeigt sich. Man hat um bestimmte Umstände gebeten und genau das geschieht. Manchmal sind die Antworten auch nicht offenkundig, weil sie sich in Teilen oder nach und nach im Laufe der Zeit erst erschließen.

Die Zusammenarbeit mit den Engeln kann ein beglückendes, befreiendes Abenteuer sein. Es lohnt sich mit ihnen Freundschaft zu schließen. Das Leben wird dadurch friedlicher, fröhlicher, schöner, denn Engel sind Experten für Wunder, Beistand und Wandlung. Wir können den Lichtboten alles in die Hände legen, Wünsche, Träume, Hoffnungen, Schwierigkeiten, Krankheiten, Schmerzen, unsere spirituelle Entwicklung, einfach alles. In jeder Situation ist es möglich, sie um Beistand zu bitten. Engel führen uns zum Licht, klären unsere Gedanken, lehren uns dass Leben von einer höheren Warte zu betrachten. Wir können auch ihre Lichtwirkung in Anspruch für andere Menschen nehmen, für unsere Nächsten, für Kranke, für Depressive, für in Not geratene sterbende oder in Armut geratene Menschen.

Machen wir einmal für eine oder zwei Wochen täglich eine Wunschliste, was wir uns von den himmlischen Wesen wünschen, ganz vernünftige, reale Dinge.

Vielleicht werden unsere Bitten in Erfüllung gehen. Beobachten wir was geschieht.

Je stärker wir uns den Schwingungen der Engel öffnen, desto mehr werden sie uns helfen.

Lassen sie uns den Tag mit einem Gespräch mit unserem Schutzengel beginnen und der Tag wird einen guten Verlauf nehmen. Sagen wir zu ihm: „Schutzengel mein, lass mich Dir befohlen sein".

19.
Später

Wie oft hören wir, das werde ich später machen. Wie oft ist später – zu spät gewesen.

Später: Wenn ich in Rente bin – werde ich...
Später: Wenn die Kinder groß, aus dem haus sind – werde ich...
Später: Wenn das Haus abbezahlt ist – werde ich...
Später: Wenn mir mehr Zeit bleibt – werde ich...
Später: Wenn ich keinen Stress mehr habe – werde ich...
Später: Werde ich reisen.
Später: Werde ich meinen Partner verwöhnen.
Später: Werde ich meine Erfolge feiern.
Später: Werde den Armen geben.
Später: Werde meine wohlverdiente Ruhe genießen
           usw., usw., usw.

Später:
Es lohnt sich darüber nachzudenken, dass es für manchen Menschen, der immer später gedacht und gesagt hat, auf einmal zu spät war. Vielleicht war auch ein guter Freund oder Bekannter unter den Später-Menschen. Wir sagen dann oft, und was hat er alles noch vorgehabt, was wollte er alles noch machen – aber später.
Es lohnt sich auch über „Heute" nachzudenken. Heute ist der wichtigste Tag. Heute ist der richtige Zeitpunkt. Heute ist die beste Gelegenheit.

Lassen sie uns handeln. Heute – Hier – Jetzt! Aber nicht später!

20.
Zum Nachdenken – unsere Welt

Lassen sie uns einmal über diese Welt, in der wir leben, nachdenken und alles in Verhältnismäßigkeit setzen, in einem realen Licht unverklärt, unbeschönigt betrachten. Wenn wir die ganze Menschheit auf ein Dorf von 100 Einwohner reduzieren, aber auf die Proportionen aller bestehenden Völker achten würden, dann wäre dieses Dorf so zusammengestellt:

57 Einwohner wären Asiaten, einschließlich Australier
21 Einwohner wären Europäer
14 Einwohner wären Amerikaner, Nord- und Südamerikaner
 8 Einwohner wären Afrikaner
52 Einwohner wären Frauen
48 Einwohner wären Männer
70 Einwohner wären Nicht-Weiße
30 Einwohner wären Christen
70 Einwohner wären Religionslose oder anderen Religion zugehörig
89 Einwohner wären heterosexuell
11 Einwohner wären homosexuell
 6 Einwohner besäßen 59% des Weltreichtums
80 Einwohner hätten keine ausreichenden Wohnverhältnisse
70 Einwohner wären Analphabeten
50 Einwohner wären unterernährt
 1 Einwohner würde sterben
 2 Einwohner würden geboren

Wer die Welt aus dieser Sicht betrachtet, erkennt wie wichtig Friede, Ausgleich, Verständnis, Dankbarkeit, Zusammengehörigkeit, Freundschaft, Akzeptanz und Bildung ist.

Das bedeutet:

- Wenn Du heute morgen gesund aufgewacht bist, bist Du glücklicher als eine Millionen Menschen, welche die nächste Woche nicht erleben werden.
- Falls Du nie in einen Krieg ziehen, Gefangenschaft erleben oder Hunger leiden musstest, bist Du glücklicher als 500 Millionen Menschen.
- Falls Du genug zu Essen, ein Dach über dem Kopf, sowie Geld zum Leben hast, gehörst Du zu den 8% der wohlhabenden Menschen auf dieser Welt.
- Falls Du diese Nachricht liest, bist Du doppelt gesegnet, denn Du gehörst nicht zu den 2 Mrd. Menschen, die nicht lesen können.

Freue Dich, daß die Armen dieser Erde so duldsam mit den Reichen umgehen und hoffe, dass es so bleibt!

Einer Zeitschrift entnommen.

21.
Krankheit

Die meisten Menschen sehen heute die Krankheit als etwas, das von außen in den gesunden Körper eindringt und das auch von außen geheilt werden kann. Nur wenige Menschen wissen, dass jede Krankheit selbst geschaffen ist und dass die Samen jeder Krankheit im menschliche Körper selbst liegen.

Die medizinische Wissenschaft, die sich mit der Behandlung von Symptomen und nicht mit den Ursachen der Krankheiten beschäftigt, stützt die Anschauung, dass Krankheit von außen geheilt werden kann. Diese Heilung kann nur von qualifizierten Ärzten ausgeführt werden, laut medizinischer Wissenschaft, und von da aus wird alles getan, was möglich ist, um zu heilen.

Das führt dazu, dass der einzelne Mensch sich noch nie so wenig verantwortlich für seine Gesundheit gefühlt hat wie heute. In der heutigen Welt der großen technischen Errungenschaften, in einer Welt, in der die menschliche Wissenschaft zum Gott geworden ist, verstehen heute sehr wenige das wahre Wesen der Krankheit. Sie erkennen nicht wie göttlich der menschliche Körper ist.

Bevor man eine Krankheit heilen kann, muss man sie verstehen. Man muss wissen, dass jeder Mensch ein magnetisches Wesen ist, dass durch seine Ausstrahlung die entsprechenden Dinge anzieht. Die Schwingungen, die man aussendet, kommen zu einem zurück, gleichgültig auf welcher Lebensebene man ist. Wir haben eine magnetische Kraft in uns, die sich zum Guten wie zum Schlechten auswirken kann. Der Ton, der in uns klingt, zieht die entsprechenden kosmischen

Schwingungen an, denn auch im Kosmos liegt die Möglichkeit zum Guten und Unguten. Es liegt am Körper, welche Schwingungen er anzieht und ob die Auswirkungen evtl. zur Krankheit führen.

Wenn man das weitverbreitete Rauchen betrachtet und die damit verbundenen Krankheiten, so zeigt dies die Folgen des eigenen Handelns. Viele der heutigen Krankheiten sind aber psychosomatisch und werden auf einer anderen Ebene erzeugt. Sie sind vom Geist geschaffen und nicht nur Folgen psychischen Verhaltens. Solche Krankheiten werden vom einzelnen zunächst auf den höheren Lebensebenen erzeugt und manifestieren sich dann später auf der physischen Ebene.

Ch. Jung hat das einmal so ausgedrückt: Wenn die innere Situation nicht bewusst gemacht wird, geschieht sie außen als Schicksal oder auch als Krankheit. Falls man sich nicht über seine innere Opposition klar wird, so wird man seinen Schatten auf die Umwelt projizieren. Die Welt muss dann gezwungenermaßen diesen Konflikt zwischen den beiden bekämpfenden Seiten, ihm oder ihr vorspielen, evtl. auch als Krankheit im Körper. Alles was unbewusst ist, will Ereignis werden.

Die Menschheit muss lernen, dass sie selbst die Verantwortung für alles trägt, was sie in ihrem göttlichen Körper erzeugt. Jede Krankheit, selbst Krebs, hat ihren Ursprung im Menschen selbst. Sogar Seuchen und Epidemien spiegeln nur die kollektiven Gedankenformen und die Energien der davon betroffenen Menschen wider. Ein gesunder Körper kann jeder Seuche, jeder Krankheit widerstehen. Deshalb muss man Krankheiten als selbstverschuldet betrachten. Was man gesät hat, erntet man auch.

Wenn man sich mit dem Heilen der Krankheiten befasst, muss man die Quellen der Krankheiten suchen. Die heutige medizinisch, fortgeschrittene Praxis ermutigt kranke Menschen nicht, für ihre eigene Heilung die Verantwortung zu übernehmen. Meistens überlassen Kranke ihren Körper sogar den Ärzten und Chirurgen, schlucken Medikament, lassen sich operieren ohne nach dem kurz oder langfristigen Auswirkungen zu fragen. Sie gehen davon aus, dass die Ärzte gut sind, dass sie ihnen ihre Krankheiten wegnehmen und die volle Gesundheit wiedergeben.

Die Medizin beschäftigt sich heute kaum mit der Göttlichkeit des Lebens und der Unversehrtheit und dem Heilsein des physischen Leibes. Die meisten Ärzte versuchen nicht die Ursache einer Krankheit herauszufinden oder den Patienten dazu zu erziehen, sie in der Zukunft zu vermeiden. Die Krankheit wird als Fremdkörper angesehen, den man schnell entfernen muss, damit der Patient bald wieder weiterleben kann wie bisher. Die Hauptströmung der Schulmedizin hat sich von der Göttlichkeit des Lebens entfernt. Sie erkennt nicht, dass der menschliche Körper und die Seele, die in ihm wohnt etwas Göttliches sind und dass beide zusammen gehören. Für einen wahren Heiler steht diese Tatsache aber immer an erster Stelle.

In der heutigen Welt, in der das Göttliche so wenig erkannt wird, ist die wesentliche Aufgabe des Heilers, das Lehren und das Heilen. Er sollte den Patienten zur Quelle der heilenden Energie führen, zum Schöpfer alles Lebens. Jedes Heilen sollte ein Ritual sein und jeder Heiler sollte beim Patienten zum Ausdruck bringen, dass er nur Übermittler der göttlichen Energie ist und diese

Energie die Heilung bewirkt. Der Heiler muss dem Patienten klarmachen, dass der Heilprozess von den höheren Ebenen ausgeht und nicht von den physischen Ebenen.

Jede Krankheit hat ihren Sinn. Sie gehört ganz zum Evolutionsmuster der Menschheit. Der Heiler wie der zu Heilende müssen das erkennen. Vor einer Heilung muss ein Erkenntnisprozess stattfinden, damit die Sinnhaftigkeit, die zum Erlösungsprozess führt, erkannt wird. Der Heiler muß dem kranken einen Spiegel vorhalten, damit er sieht, warum er krank ist. Danach muß der Kranke selbst handeln, damit die Lektion dieser Krankheit, dieses Un–Heilsein im Körper verstanden wird.

Krankheit führt immer auf einen Erkenntnisweg, Voraussetzung ist, die Wegweiser lesen zu können.

22.
Frieden

In der ganzen überlieferten Menschheitsgeschichte hat es immer Kriege gegeben. Es ist kaum ein Jahrzehnt vergangen, wo nicht Länder oder Stämme gegeneinander gekämpft haben. Entweder um ein Stück Land zu erobern, um eigene Grenzen oder den eigenen Einflussbereich zu verteidigen oder um eines Vorteils willen, den man vorher nicht hatte. Die zu nennenden Gründe sind endlos.

Wenn es in den letzten Jahren keinen Krieg mehr gab, so liegt es daran, dass die Großmächte der Welt keine Möglichkeit sehen, ohne eigene große Verluste einen Sieg zu erringen. Dieses kann bei falscher Risikoeinschätzung jeder Zeit wieder passieren. Viele Menschen überall auf der Erde haben mit Recht Angst vor einem Krieg und streben nach Frieden. Sie versuchen es auf vielerlei Weise, durch Friedensbewegung, Zeitungs-Artikel, Bücher, Märsche, Demonstrationen, Religion und Gebete. Aber werden sie auf diese Weise, obwohl gut gemeint, Frieden erlangen, leider nein.

Der Friede hat sich den Menschen immer entzogen. Viele Menschen betrachten Frieden als Abwesenheit von Krieg, wenn die Waffen schweigen, das aber ist kein wahrer Friede. Frieden ist nicht ein Intervall, ein Zwischenabschnitt zwischen zwei Kriegen. Es ist kein Friede, wenn während der Nichtaktivitäts-Phase des Krieges geistige Aggression stattfindet, Kriegsvorbereitungen getroffen oder Massenvernichtungswaffen hergestellt werden oder die fertigen Kriegspläne in den Schubladen liegen, nur für den Fall des Falles.

Die meisten Menschen glauben, Frieden im äußeren zu finden. Sie meinen Frieden sei etwas, was man durch Verhandlungen erlangt, durch Übereinkünfte, durch Versöhnung. Aber auf diese Weise ist noch nie ein Friede auf der Erde entstanden oder gesichert worden. Wenn Kompromisse gefunden, der Konflikt beigelegt ist, tauchen immer wieder Feindseligkeiten auf. Auch wenn das Kriegsbild noch in den Köpfen wach ist, gibt es immer wieder Politiker die bereit sind einen Krieg als Instrument nationaler oder Stammes-Politik in Erwägung zu ziehen.

Das Vorgenannte zeigt, dass Frieden nicht im äußerlichen zu finden ist, also muss Frieden etwas innerliches sein. Frieden ist etwas, was man ganz persönlich hervorbringt, es ist der Friede der im Herzen geschaffen wird, durch Liebe, die von innen kommt, eine Energie der Einheit. Das bedeutet mit dem Willen unseres Schöpfers in Einklang zu stehen, heißt Teil der Einheit allen Lebens zu sein. Dann gibt es keine politischen, finanziellen, rassistischen Spaltungen mehr und somit auch keinen Kampf um Vorteile, also keinen Krieg mehr. Es ist die selbst geschaffene Trennung der Menschen, die Unzufriedenheit bewirkt, die dann zu Krieg führt. Frieden im Herzen heißt auch, auf Kampf zu verzichten, nicht jede Herausforderung anzunehmen auch einen evtl. Sieg freiwillig zu verschenken. Daraus erwächst Kraft und innere Ruhe, es ist die Fähigkeit zur Demut.

Wir sollten uns auch unser Leben anschauen, wo wir mit anderen im Kriegszustand sind, in unseren alltäglichen

Beziehungen. Wie oft versuchen wir unseren Willen durchzusetzen, gleichgültig welche Opfer andere dafür bringen müssen. Neid, Hass, üble Nachrede, Missgunst gegen unseren Nächsten sind auch versteckte Kriegsformen. Wichtig ist, dass wir diese unsere Handlungen als Minikriege erkennen und ihnen Einhalt gebieten, sie dem Frieden opfern. Innerer Friede zeigt sich in Harmonie und positiver Ausstrahlung und selbst extrem disharmonische Energien können dagegen nicht ankommen. Wir sind durch eine Kraft geschützt, die größer ist als jede Waffe die die Menschheit je hervorbringen kann, die göttliche Liebe.

In der Bergpredigt der Bibel heißt eine Seligpreisung: Selig sind die Friedenschaffenden, denn sie werden Söhne Gottes heißen. Wer dem Frieden Gottes, der höher ist als alle Vernunft, in sich real verwirklicht, der ist in diesem Sinne ein Friedenschaffender. Er wirkt in seiner ganzen Umgebung, wirkt auf Mensch und Tier und Natur besänftigende, friedenschaffend durch sein bloßes Dasein.

Solche Menschen werden dann Söhne Gottes sein.

- Ich kann nicht Frieden machen auf der ganzen Welt, aber ich kann dafür sorgen, dass in mir selbst Frieden ist und ihn weitergeben an meine Kinder, an meine Eltern, an die Menschen, mit denen ich arbeite, an die, welche ich treffe.
- Ich kann ihn weitergeben an die Tiere, die mit mir dieselbe Luft atmen, die ein Recht auf Leben haben, die wie ich, weder gequält noch getötet werden wollen.

- Ich kann ihn weitergeben an die Natur, die Blumen und Bäume, deren Schönheit ich bewundere, und ich kann ihnen danken für die liebevolle Begleitung.
- Ich kann ihn weitergeben an die gute Erde, die mich mit Gaben erhält, ich kann sie reinigen, sie schützen, sie lieben.

Das ist meine Möglichkeit, Frieden auf dieser Welt zu machen, nicht mehr und nicht weniger, aber es ist eine sehr entscheidende Menge, die ich zum Frieden in der Welt beitragen kann.

23.
Märchen

Der Mensch der heutigen Zeit ist eingezwängt in das Gehäuse der Alltagsarbeit, die ihn erregt und auch ermattet, aber nicht erfüllt und beglückt. Er sehnt sich im Grunde seines Herzens nach anderen Ufern, zu denen ihn nur Kräfte tragen können, die ihn in der tiefe seines Wesens erfassen.

Solche Kräfte gibt es und dazu zählen Mythen und Märchen dabei ist es gleich, von welchem Volk oder Land der Erde sie stammen. Sie enthalten Mysterienweisheiten des Altertums und wenn man ihre Symbolsprache versteht, erkennt man in ihnen die heilige Schrift des Christentums und die kosmischen Offenbarungen. Der Erziehungswert der Volksmärchen kann nicht hoch genug eingeschätzt werden. Sie lassen bildhaft anschaulich, die Gewalten und Mächte unserer Seele und unseres Schicksals erkennen. Im Umgang mit den Märchengestalten verstehen und begreifen wir, Leben und Schicksal in einer Tiefe, die kein intellektuelles Denken auszuloten vermag. Sie lehren uns den Goldschatz in der eigenen Seele zu finden und zeigen uns, dass Treue und Liebe die Seele schön machen, dass Reinheit ihr höchstes Glück ist, dass in Opfer, Dienst und Armut erst der Seelenglanz der Geistseele sich voll entfalten kann. Die höchsten Weisheiten werden frei ausgesprochen. Frei von gedanklicher oder kirchlicher Dogmatik treten sie in Märchengestalt an uns heran, keusch im Schleier des Schönen bewahrt. Im Märchen ist uns ein Evangelium, eine Engelsbotschaft, eine Frohbotschaft gegeben, die jeder fassen kann, die jedem Menschen geistige Nahrung in Fülle bietet, weil sie an dem letzten Dinge rührt und die Urbilder in Seele und Weltall verstehen lehrt.

Erziehungsbuch kann die Märchenwelt auch in dem Sinne sein, dass sie uns zum geistig schauenden Erkennen erweckt, denn die Märchen sind ursprünglich aus dem übersinnlichen Schauen heraus geboren. Sind geistige Wahrträume der Menschheit, sind echte göttlich Offenbarungen in der imaginativen Bildsprache der Mysterien. Wer sich in die Bildsymbolik der Märchen meditativ versenkt, geht einen inneren Erweckungspfad, stärkt sein übersinnliches Schauen, weitet sein Bewusstsein im Kosmischen und Überkosmischen und bekommt ein neues Verstehen von Leben, Seele, Schicksal und Weltentwicklung. Besonders die ahnenden Gemütskräfte der Kinder nehmen durch die Märchen den Samen der Wahrheit tief in sich auf, lange bevor das wache Erkennen die klaren Ideen begreifen kann. Die kindliche Seele hat eine tiefe Beziehung zur vollen Wirklichkeit des göttlichen Seins.

Das Vorgenannte über die Märchen und Mythen bringt uns der Erkenntnis näher, dass die Zeit der Märchen nicht mit der Kinderzeit enden sollte. In der Kinderzeit haben sie großen Unterhaltungswert und ihr Gehalt wird mehr vom Unterbewusstsein aufgenommen und ist so reichhaltig wie ihre Erzähler oder Deuter uns dies näher gebracht haben.

Als Erwachsener führen sie uns in unseren eigenen Bezug hinein. Wir können selbst unsere Stärken und Schwächen sehen, wenn wir uns mit den Gestalten und Situationen identifizieren oder auch nicht. Wie mit einem Senkblei können wir die Tiefe unserer Seele und unser

Gottbezug ausloten. Für jede jetzige Situation, sei es Wirtschaft, Politik, Familie, Religion, Welt allgemein, gibt es passende Situationen und Gestalten in den Märchen und Mythen. Das kann uns unsere augenblickliche Situation anschaulicher, begreiflicher machen. Es ist außerdem sehr amüsant, die jetzigen Beteiligten an einer Situation, mit den Märchenfiguren zu besetzen und dann Betrachtungen zu machen.

Da die Mythen und Märchen einen so großen Einfluss auf den Menschen ausüben können, ihn geistig positiv zu motivieren vermögen, vielleicht einen ethischen Grundstein legen können, wäre ein Schulfach damit zu belegen, überlegenswert.

Wir beklagen, die heutige negative Zeit, verroht, selbstsüchtig, rücksichtslos, ohne Moral, Güte und Weisheit, hoch negativ. Früher haben auch die Religionen, die Kirchen, Ethik vermittelt, heute sind die von da ausgehenden Impulse zu schwach, weil der Mensch sich von dort nicht mehr angezogen fühlt. Märchen und Mythen haben die Kraft ihre Weisheiten und Moral und Ethik spielerisch zu vermitteln, ohne die Schwere der Moralvorstellung der Kirchen zu haben. Außerdem könnte über die Märchen und Mythen die christliche Religion innerhalb des Menschen eine Stabilisation erhalten, weil sie oft mit ihr deckungsgleich sind.

Märchen eröffnen uns märchenhafte Möglichkeiten.

24.
Der Konflikt Juden / Palästinenser

Fast jeden Tag ist in den Nachrichten und im Fernsehen vom Krieg und Terror zwischen Israel und Palästinensern die Rede. Es ist bedauerlich, wie viele Menschen dabei umkommen und was alles zerstört wird.

Die Formulierungen der Nachrichten sind pro israelisch und rechtfertigen alle Kampfhandlungen von Israel als Vergeltungsschläge. Von Israel ausgedehnt Demütigungen und Unterdrückungen der anderen Seite werden dabei kaum erwähnt. Palästinensische Attentate in Israel fordern immer neue Vergeltung heraus. Eine Spirale ohne Ende Die unter internationaler Mitwirkung ausgehandelten Friedensverträge scheitern in ihrer Umsetzung bis jetzt immer.

Ob ein echter Friedenswille bei den Verhandlungen vorliegt (und das von beiden Seiten) wage ich zu bezweifeln, wobei auch internationale Interessen verschiedener Art eine Rolle spielen. Jede öffentliche Beurteilung der Lage führt zu Komplikationen, wenn sie nicht der vorgegebenen Lagebeurteilung und Kommentierung der Weltmächte entspricht.

Interessant ist in diesem Zusammenhang, was ein Mann des Friedens und der Gewaltlosigkeit-Mahatma-Gandhi-1938 zu diesem Thema gesagt hat.

Von Mahatma Gandhi ist 1938 ein Aufsatz in der indischen Zeitschrift „Harijan" erschienen, zu dem Thema „Zur Lage der Juden in Palästina".

<u>Zitat Gandhi</u> :

Ich habe Briefe erhalten, mich zu dem Konflikt zu äußern, nur zögerlich komme ich dem nach. Mein Mitgefühl gehört durchaus den Juden. Aber mein Mitgefühl macht mich nicht blind gegenüber den Erfordernissen der Gerechtigkeit. Der Ruf der Juden nach einer nationalen Heimstätte für die Juden spricht mir nicht sehr zu. Seine Beglaubigung sucht man in der Bibel und der Ausdauer, mit der die Juden eine Rückkehr nach Palästina ersehnt haben. Warum sollen sie nicht, wie andere Völker der Erde, jenes Land zu ihrer Heimat machen, wo sie geboren sind und ihren Lebensunterhalt erwerben? Palästina gehört den Arabern, so wie England den Engländern und Frankreich den Franzosen. Es ist falsch und unmenschlich, die Juden den Arabern aufzuzwingen. Was heute in Palästina vorgeht, lässt sich durch kein Moralgesetz rechtfertigen. Die Mandate beruhen lediglich auf dem letzten Krieg. Es wäre sicherlich ein Verbrechen gegen die Menschlichkeit, die stolzen Araber zu erniedrigen, so dass Palästina den Juden ganz oder teilweise als ihre nationale Heimstätte wiedergegeben werden könnte.

Und nun ein Wort an die Juden in Palästina: Ich habe keine Zweifel, dass sie sich auf dem falschen Weg befinden. Das Palästina der Bibel ist kein geographisches Gebiet. Es liegt im Herzen. Aber wenn sie das geographische Palästina als ihre nationale Heimstätte ansehen müssen, ist es falsch es im Schatten der britischen Geschütze zu betreten. Eine religiöse Tat kann nicht mit Hilfe von Bayonetten und Bomben ausgeführt werden. Sie können sich in Palästina nur mit Zustimmung der Araber niederlassen. Sie sollten versuchen, die Herzen der Araber zu bekehren. Derselbe Gott, der die Herzen der Araber beherrscht, herrscht auch über die Juden.

Zitat Ende

Da der Konflikt auch dem Weltengesetz von „Ursache und Wirkung" folgt, ist die Gewaltspirale weiter vorprogrammiert und wird ohne Einsicht auf beiden Seiten nicht enden. Ferner ist das dortige Areal durch Rache und Hassgedanken in der mentalen Ebene total vergiftet, ohne Besserungsaussichten. Die Welt schenkt diesem Konflikt zuviel Aufmerksamkeit über Nachrichten, Fernsehen und Presse, mithin erhält ihn zuviel Energie am Leben. Außerdem findet in der gesamten Welt keine öffentliche, realistische Beurteilung statt, mithin entfällt der Druck auf die beteiligten Gegner.

Die Lösung liegt in einem neu angegangenen Lösungsrezept, mutig und nur den Blick auf den Weltfrieden gerichtet.

Möge der gemeinsame Gott der Juden und Palästinenser ihnen die Gnade der gemeinsamen Einsicht schenken. Gott verdient es aber, dass man Ihn darum bittet.

Mich berührt das Thema Juden-Palästinenser besonders, weil ich Deutscher bin und wir zu den Juden ein besonderes Verhältnis haben. Wir haben den Holocaust verursacht, ihn oft beklagt und bedauert, still für uns und öffentlich, freiwillig und gezwungenermaßen. Wir haben dafür gebüßt, seelisch für uns und sind öffentlich gedemütigt worden. Wir haben bezahlt mit Geld und mit Beleidigungen und allgemeiner Verachtung. Wir haben uns auch viele Ungerechtigkeiten gefallen lassen müssen, die uns unter der Schuld der Juden aufgezwungen worden sind. Alles hatte für uns einen Sinn, daß die sinnlosen Tötungen von Menschen ein Ende haben sollten und daß Tötungen für die Zukunft als

Verbrechen gebrandmarkt werden müssen und die Täter der gerechten Strafe zuzuführen seien.

Leider hat die Achtung vor dem Leben des Menschen weiterhin keine Bedeutung in der Welt gefunden. Es ist bedauernswert, dass gerade das Volk, was unter der Tötung besonders gelitten hat, sich dessen nicht mehr erinnert, was Leben erhalten bedeutet. Täglich sterben Menschen auf der Seite der Palästinenser, unnötig von Juden getötet, um ihr eigenes Interesse zu wahren. Diese Opfer werden nicht besonders beklagt und auf einer Liste aufgeführt, damit die Welt die Zahl nicht vergisst. Ihre Angehörigen werden auch keine Entschädigung erhalten.

Ich verurteile auch die Terroranschläge der Palästinenser in Israel. Sie sind auch mit Mord zu brandmarken, weil unbeteiligte, unschuldige Menschen getötet werden um zu fragwürdigen Ziele zu kommen.

Was ist hier das Maß der Gerechtigkeit und wer ist der zuständige gerechte Richter?

Warum spricht die Weltpolizei nicht ein Machtwort oder greift aktiv ein?

25.
Grüß Gott

„Grüß Gott" wird in Deutschland als ein Gruß der Bayern behandelt. Er ist fast wie Lederhosen und Dirndl in dem Bayerischen Raum zu Hause. Wer den Gruß außerhalb dieses Gebietes benutzt, wird manchmal etwas mitleidig belächelt oder ungläubig, unverständlich angesehen, für leicht rückständig gehalten. Man glaubt in unserer abgeklärten Industriegesellschaft sei er unzeitgemäß. Dabei ist dieser Gruß höher in der Ehrerbietung für den anderen, dem der +Gruß gilt, als alle anderen, üblichen Grußworte oder Formeln.

Man grüßt Gott, bzw. dessen Abbild in dem anderen Menschen. Man erkennt in dem anderen Gott und grüßt ihn, wie immer der für den Grüßenden aussehen mag. Wenn wir so grüßen, grüßen wir in jedem mit diesem Gruß, Gottes Geschöpf. Wie notwendig wäre es manchmal daran zu denken, dass der andere auch Gottes Geschöpf ist, auch dann, wenn wir ihn im Augenblick nicht grüßen müssen. Egal wie man die Formel dreht und anwendet, sie ist immer etwas besonderes. Vielleicht wäre der öftere Gebrauch des Grußwortes „Grüß Gott" wieder eine Möglichkeit uns dem Nächsten als Abbild Gottes oder Gottes Grüßübermittler näher zu bringen.

Grüßen sie Gott im Nächsten.

26.
Held

Der Begriff Held muss in unserer Zeit und unter unseren heutigen Bedingungen neu definiert werden.

Früher war ein Held, wer furchtlos gekämpft und Siege errungen hat. Gekämpft mit Waffen, mit körperlicher Stärke, mit ritterlicher Fairness, für sich oder einen guten Zweck. Heute ist ein Held, wer furchtlos, frei, seine eigene Meinung äußert, ohne sich vorher versichert zu haben, dass er nicht alleine damit dasteht oder seine Meinung stark von der allgemeinen herrschenden Meinung abweicht. In diesem Fall muss er fürchten, ausgegrenzt zu werden, weil er die allgemein herrschenden Massenmeinungen stört.

Er ist auch ein Held, wenn er nicht das tut, was alle tun, was Usus, was in der Volksmeinung normal ist, wenn er sichtbar ein Einzelwesen bleibt, Individualist, sich nicht vereinnahmen lässt, sein Leben so lebt, wie er es sich vorstellt, wie er es gestalten will, nicht den staatlichen, und religiösen Vorgaben folgend. Wenn sein Maßstab er selbst ist, ohne die anderen Menschen als Maßvorgabe anzusehen. Auch das Abweichen vom Sozialverständnis, der Masse ist in der heutigen Zeit unnormal. Damit kann bereits jemand anecken, obwohl es für niemand schädlich ist, aber es widerspricht den Gleichheitsgedanken, den die Welt vorgibt zu leben.

Das Einzelwesen ist heute nicht mehr gefragt, nur Masse, die soziale Herde zählt. Wer davon abweicht, kann nicht normal sein, die Herde lässt ihn außen vor und zieht weiter. Sie ist einer Gnu- und Büffelherde gleich, den Kopf nach unter losrennend, nur Sinn für

Fressen, Saufen und Spiele, nur auf das Irdische gerichtet, immer dem Vormann folgend, egal wo es hingeht. Einer wird es schon wissen, wenn es alle, so viele tun, muss es gut sein.

Wer also seine Meinung frei äußert, hinter seiner Ansicht steht, sein eigenes Leben so lebt, wie er es will, die Risiken kennt, keine Rückversicherung braucht, ist in der heutigen Zeit ein Held.

Jede schwierige und gefährliche Zeit ist eine ausgezeichnete Heldenschmiede. Ohne Bewährung – ohne Risiko keine Helden.

27.
__Weihnachten__

Weichnachten, das ist für uns die Weihnachtsgeschichte, die in der Bibel steht. Vor 2000 Jahren wurde ein Kind (Jesus) geboren, in einem Stall, mitten unter Tieren, Hirten suchen es auf, Weisen kommen, einem Stern folgend zu ihm nach Bethlehem.

Es ist nicht darüber zu streiten, ob die Geschichte genau der Wahrheit entspricht. An der Weihnachtsgeschichte, die uns unsere Glaubensgemeinschaften übermittelt haben, halten wir fest, weil es althergebracht ist und den Sitten und Gebräuchen entspricht. Es widerstrebt uns, Ideologien, Überlieferungen, Glaubensvorstellungen in die wir hineingeboren wurden, die uns als Kind eingeprägt worden sind, zu hinterfragen. Also feiern wir Weihnachten nach den Glaubenvorstellungen unserer Kirchen mit Christmette und Predigt vom Jesulein in der Krippe, Maria, Josef, den Hirten und Weisen. Wir selbst sind gefühlsgeladen, von Liebe und Freundlichkeit triefend, Geschenke verteilend, und geben uns ganz dem Weihnachtswohlwollen hin. Mit unseren Familien feiern wir (es ist ja das Fest der Familie) bei gutem Essen und Trinken am 24. + 25.12. das Weihnachtsfest.

Nach dem 25.12. beginnt dann wieder der graue Alltag, ohne daß wir ein spirituelles Liebesgefühl herübergerettet haben. Neujahr ist dann angesagt, realistisch ein neues Jahr beginnt, ohne Restliebe im Herzen.

Weihnachten ist den Menschen in der heutigen, westlichen Welt, in seiner spirituellen Bedeutung verloren gegangen. Der eigentlichen Bedeutung von Weihnachten, der Geburt des Christusprinzips schenkt man keine Beachtung, bzw. fast keine; dies ist mit Etiketten zugeklebt worden. Die Kirchen sind nicht der spirituellen Bedeutung von Weihnachten gefolgt, sondern der historischen, der naturwissenschaftlichen, dadurch kommen nur die sichtbaren Ereignisse zum Tragen und werden in die Feierlichkeiten einbezogen. Soll Weihnachten für uns das werden als was es vom Schöpfer vorgesehen ist, müssen wir umdenken bzw. Neues hinzulernen.

Weihnachten besteht nicht nur aus den 2 Feiertagen, sondern auch aus Weihenächten. Zu diesem Zeitpunkt finden besondere astrologische Einflüsse statt. Besondere Schwingungen kommen von hohen Wesen, auch außerhalb unseres Sonnensystems auf unsere Erde, um das Christusprinzip wieder neu zu beleben.

Es ist die Zeit, wo sich der Mensch überdenken sollte, nachdenken sollte, was mit dem Christusprinzip gemeint ist. Sich besinnen, warum es auf die Erde gesandt wurde und überprüfen, wie es befolgt werden kann.

Weihnachten ist auch dazu bestimmt, als Erinnerung und Mahnung den eigenen spirituellen Fortschritt zu bedenken und am Christusprinzip zu messen. Wir sollten uns dazu überprüfen wie weit wir uns entwickelt haben und uns Vorgaben für das neue Jahr machen, nach den Lehren Jesu zu leben.

Durch die Geburt Jesu findet eine Darstellung der Wiedergeburt des Christusprinzip statt. Für unser Zeitalter ist das gesamt Leben Jesu eine bildhafte Veranschaulichung des Christusprinzips. Das Christusprinzip bezieht sich nicht auf einen Menschen, auch war Jesus nicht der Einzige, der es verkörpert hat. Es waren mehrere große Meister, die es den Menschen ihrer Zeit veranschaulicht haben, durch ihr Leben. Immer zu einem neuen Zeitalter wird es den Menschen durch eine würdige Person dargestellt, eine hochentwickelte Seele für das Fischezeitalter war es der Nazarener Jesus. Er hat der Menschheit durch sein Leben und seine Lehren die Art und Weise gezeigt, wie sie ihr Leben führen sollten; wie die Mitmenschen zu behandeln sind und Selbstdisziplinierung gefordert ist. Jesus hat die Naturgesetze des Universums demonstriert. Seine in der Bibel beschriebenen Wunder sind Beispiele für das Wirken der Naturgesetze und er hat uns dieselbe Kraft versprochen, wenn wir ihm folgen.

Es war ihm daran gelegen, dass das Christusprinzip den Menschen begreiflich wird, aber er wollte nicht, dass seine Geburt glorifiziert werden sollte. Was die Kirchen hier gemacht haben, geht an dem Sinn, der Wirklichkeit vorbei, weil sie nichts begriffen haben, Weisheit zu lehren.

Es geht nicht darum, das Weihnachtsfest abzuschaffen, sondern den wahren Sinn, die Christgeburt den Gläubigen nahe zubringen. Jedem sollte es klar werden, dass Christus in ihm geboren werden muss, sonst bleibt Weihnachten ein gefühls-triefendes, den Geschenkkonsum anheizendes friedliches Familienfest mit gutem Essen und Trinken und feierlicher Christmette.

28.
__Platz für Neues__

Sich von dem zu trennen, was wir nicht mehr benötigen oder was veraltet ist, hat einen Vorteil, es schafft Platz für Neues und setzt Energie frei.

Alle unsere materiellen Güter sind eine Form gespeicherter Energie. Wenn wir diese Energie nicht nutzen, weil wir die Güter nicht gebrauchen, verschwenden oder blockieren wir Energie. Befreien wir uns von diesen Gütern und stellen sie damit anderen zu Verfügung, erhalten wir diese Energie zurück und können sie für andere Dinge umsetzen. Da unser Leben aus Energie besteht ist es wichtig, dass sie fließt, dass ein Austausch stattfindet. Das bedeutet Dinge nehmen und sie wieder abgeben, wenn sie nicht mehr gebraucht werden. Ein typisches Beispiel ist unsere Atmung, wir atmen Sauerstoff ein und geben Kohlendioxid ab. Es ist das Gesetz vom „Geben und Nehmen". Wir schaffen durch das Abgeben ein Vakuum und die Natur ist bestrebt, dieses wieder auszufüllen. Dem Kosmos ist ein Vakuum zuwider.

Wenn wir nun diese Gesetzmäßigkeit wissen, können wir das auf Gegenstände in unserem Leben, unseren Alltag übertragen. Wir trennen uns von Dingen, die wir nicht mehr benötigen, nicht mehr haben wollen und schaffen somit Platz für Neues. So kann man seine gesamte Habe durchforsten und bei jedem Stück sich fragen, brauche ich es noch und bei nein weggeben. Ein Maßstab könnte bei Entscheidungsschwierigkeiten sein, habe ich den Gegenstand im vergangenen Jahr benutzt, hat er vielleicht eine große Bedeutung in meinem Leben oder brauche ich ihn um mein Lebensziel zu erreichen. Habe ich den Gegenstand in 1 – 2 Jahren nicht einmal benutzt, dann wollte ich ihn gar nicht, ich brauche ihn also nicht. Obwohl uns bekannt ist, dass materielle Güter nur zum Gebrauch bestimmt sind, fällt uns das Wegwerfen oft sehr schwer. Wir sind durch den Krieg und die Nachkriegszeit zu Hamstern geworden, es durfte nichts weggeworfen werden, weil der evtl. Gebrauch noch mal anstand. Wenn wir etwas nicht benutzen und trotzdem daran klammern, ist das unproduktiv, wir blockieren den Platz für Neues. Für die nicht mehr benötigten Gegenstände, ist verkaufen, verschenken, spenden, tauschen oder recyceln angesagt. Wichtig ist, sie los zuwerden.

Wir sollten uns vor Augen halten, dass das Universum seine Ressourcen hütet, es zeigt sich den Hamstern gegenüber meist nicht sehr großzügig. Energie ist nicht dazu da gehortet, sondern um geteilt zu werden. Der Kosmos liebt den Fluß. Wir nehmen etwas, benutze es und geben es wieder ab. Wir werden vom Kosmos dadurch belohnt, wenn wir den Fluss mitmachen, dass er uns das Vakuum auffüllt mit neuen Sachen, die wir jetzt gebrauchen können, oder die wir uns wünschen. Schon in der Bibel heißt es, jeder Berg und Hügel soll abgetragen und jedes Tal soll ausgefüllt werden. Dieses sagt, dass der Kosmos die Ausgeglichenheit anstrebt und Vakuum nicht bestehen lässt.

Platz für Neues schaffen, bedeutet auch, den geistigen Sektor, die Gedanken und Vorstellungen durchforsten. Überprüfen, ob sie heue noch zeitgemäß sind, ob sie vielleicht noch aus unserer Jugendzeit oder gar aus der Kindheit stammen. Vielleicht finden wir beim

Durchforsten noch Elterndiktate der Kindertage, die wir heute noch befolgen, obwohl sie längst überholt sind. Wir sind älter geworden, die Zeit hat sich gewandelt, die Technik ist fortgeschritten. Unser volles Kopfhaus muss bestimmt durchforstet werden und ausräumen tut da auch bestimmt gut. Der Platz wird dringend für neue Ideen, neue Ansichten gebraucht.

Schaffen wir das Unnötige weg, auch aus dem geistigen Bereich, bevor die Müllgebühren erhöht werden. Je länger wir mit der Beseitigung, mit dem Aufräumen warten, je schwerer fällt es uns, die Sachen zu entsorgen und je mehr Kraft kostet es, sie loszuwerden.

29.
Lebenskatastrophen

Für manche Menschen ist das Leben eine einzige Katastrophe, die Erde ein Jammertal, gepflastert mit ausweglosen Situationen, hoffnungslos immer schlimmer werdend. Sie sind, so ihre Klage, da hineingeraten, ohne ihr eigenes Zutun, unschuldig an dem Geschehen. Und wie kann Gott so etwas zulassen. Ihre Klagen sind stetig, weil sie keinen Ausweg sehen.

Viele Menschen sind aber erst bereit sich mit Ihrer Situation ernsthaft auseinander zu setzen, sich mit dem Leben zu beschäftigen, wenn sie keinen Ausweg mehr wissen. Das Leben ist nicht schlecht oder bösartig und will niemand etwas antun. Es ist im Gegenteil gut zu diesen Menschen, weil es sie aufrüttelt, damit sie sich aufmachen, zu einer Erkenntnis zu streben. Eine wichtige Erkenntnis muss sein, sich nicht mehr als Opfer zu fühlen. In schlimmen Situationen gibt es ja viele Möglichkeiten für die Opferrolle. Ein Schuldiger findet sich immer, dem man alles in die Schuhe schieben kann. Oder man gibt sich selbst die Schuld an der Misere, verurteilt sich selbst. Dieses führt der Situation nur noch zusätzlich Energie zu und verschlimmert es, führt auch noch zu Blockaden.

Zunächst heißt es Verantwortung übernehmen, zu wissen, es ist meine Situation, die mir zur Lösung gegeben ist und ich muss sie anpacken. Die beste Möglichkeit ist nun Vertrauen in das Leben zu haben, das Leben zu lieben, ihm dankbar zu sein, dass es diesen Lernprozess serviert. Zu wissen, dass wir nur soviel zugemutet bekommen, wie wir verkraften können, hilft uns enorm. Unsere Situation enthält genau das, was wir zu unserer Weiterentwicklung, unserem Lernprozess haben müssen, damit sich daran unsere Bewährung zeigen kann. Bewältigte Krisen machen Mut, geben Stärke, lassen uns Persönlichkeiten werden, die dann über manchen Dingen stehen.

Wie kann man in der momentanen Situation vorgehen? Den Zustand als gegeben hinnehmen, nicht versuchen krampfhaft etwas zu verändern. Jeden Tag aufstehen, das tun, was zu tun ist, ohne Energieabgabe an die Situation. In das Leben Vertrauen haben, dass die positive Veränderung für uns mit dem Fortschritt am Lernprozess kommt. Mit unserer größeren Erkenntnis vom Leben, von unserem Dasein in diesem Leben, durch unseren Lernprozess, verändern sich auch unsere Situationen, und unsere Lebensumstände.

Leben heißt auch erleben.

30.
Unser Herz und die Liebe

Nichts ist so beeindruckbar und schwankend wie des Menschen Herz. Es ist leicht entflammbar und genau so leicht lässt sich die Flamme wieder löschen. Ein heißer Sonnenstrahl reicht zur Entzündung und ein leichter Wind, ein paar Regentropfen machen das Feuer wieder aus.

Hat uns die Liebe entzündet, das Gefühl getroffen, stehen wir in Flammen, wir sind verrückt, uns gehört der Himmel der Liebe, der ganze Partner, wir sind der Mittelpunkt, um uns dreht sich alles. Wir drehen uns mit, wir werden schwindlig, rauschig, unfähig zu denken, oder nur von einem Gedanken beseelt, dem Gedanken an den Partner. Wir werden zu seelischen Malern, die sich Bilder ausmalen, bunt auf der Leinwand der Gefühle. Nur der Partner und wir, trunken, dem Nirwana entgegenfliegend. Wie unsanft und schnell erwachen wir aus unserem Liebesrausch, wenn der geringste Zweifel uns überfällt, was den Partner und uns betrifft. Gehört sein Herz auch wirklich nur uns allein. Ist er uns auch treu, weil er nur uns über alles liebt, weil wir etwas besonderes für ihn sind, begehrenswert, mehr als die anderen. Sind wir auch selbst fähig seine Liebe zu erwidern oder ist sie stümperhaft, banal Welche Forderungen in Liebesdingen und im Alltag hat er an uns, können oder wollen wir sie erfüllen. Sind wir über die Liebe dann ganz ausgeliefert, nicht mehr wir selbst? Kann er uns und wir ihn weiterhin begeistern, inspirieren, zur Kreativität anregen oder nimmt die Gleichgültigkeit Platz in unserem Herzen, ungewollt? Können wir uns der notwendigen Freiheiten zugestehen, ohne die Ängste der Verletzung heraufzubeschwören? Bringen wir den Mut auf, wenn die Liebe zu Ende geht, es uns einzugestehen uns wieder gegenseitig freizugeben, ohne Klammerung, Vorwürfe, ohne das übliche Negativum, weiterhin freundschaftlich verbunden?

Jeder zweifelnde Gedanke ist ein Regentropfen, ein Windhauch der das Feuer der Liebe bedroht. Wird der Regen und der Wind mehr, kann er das Feuer der Liebe leicht löschen und wir sind dann ohnmächtig die Flamme zu schützen. Was leicht entflammbar ist wie unser Herz, ist auch wieder leicht löschbar.

Mögen die Götter das Liebeslicht brennen lassen, damit sich die Herzen daran wärmen können, an diesem wunderbaren Himmelsgeschenk.

31.
Dankesschuld

Wenn jemand etwas bekommt, muss er einen geforderten oder entsprechend angenommenen Preis bezahlen. Er muss eine Gegenleistung erbringen, um das Gewünschte zu erhalten. Meist ist es Geld oder wertähnliches. Damit ist der Handel, der Tausch ausgeglichen. War das Geschäft ehrlich, das heißt, Leistung und Gegenleistung haben übereingestimmt, dann bleibt es kosmisch gesehen ohne Folgen und Karma für beide Seiten.

Bekommt man etwas geschenkt, ist man dem Schenker gegenüber zu Dank verpflichtet.

Es gibt auch Leistungen, die wir erhalten, die wir aber nicht sofort bezahlen oder gegen leisten können, dies bringen uns in die Dankesschuld. Diese Schulden stehen für Leistungen, die wir erhalten haben u.a. zu einem Zeitpunkt, wo wir nicht in der Lage waren, sie zu begleichen. Sie zähen auf dem Konto des Karmas auf der Sollseite und müssen vor unserem Ableben auf der Erde in der Bilanz eine Gegenbuchung auf der Habenseite aufweisen.

Für den Menschen besteht die Dankesschuld gegenüber der Familie, der Gesellschaft, dem Staat, der Rasse, der Erde, dem Sonnensystem, dem Universum und Gott gegenüber. Die Eltern haben dem Kind Gestalt und das Leben gegeben (wenn gleich sie dieses nicht geschaffen haben), Kleidung, Nahrung, Wohnung, Ernährung, Schutz und Liebe. Die Mutter hat in der Schwangerschaft sich besonders geopfert. Damit entsteht für das Kind den Eltern gegenüber eine Dankesschuld. Ist der Mensch erwachsen, schuldet er der Gesellschaft etwas, seiner Nation, seinem Volk, sie vermittelten das Erbe der Zivilisation und der Kultur. Sie stellten ihm alle staatlichen Einrichtungen zu Verfügung, wie Universitäten, Schulen, Museen, Bibliotheken, Laboratorien, Theater, Ärzte, Schiffe, Krankenhäuser, Flugzeuge, Züge, Lehrer, Polizei, Streitkräfte. Auch seiner Rasse schuldet er Dank, die ihm Hautfarbe, Körperbau, seelische Veranlagung, Denkart gegeben hat. Sein Dank muß auch gelten, der Erde, die ihn nährt und trägt, sowie der Sonne, denn ohne sie gäbe es kein Leben, dem Sonnensystem und Universum, welche u.a. alles im Gleichgewicht hält. Daß er Gott seinem Schöpfer und Erhalter Dank schuldet, ist eine Selbstverständlichkeit. Die meisten Menschen nehmen nur und sind sich der großen Schuld, die auf ihnen lastet nicht bewusst. Sie nehmen nur, ohne zu geben und sind noch undankbar und mürrisch dazu. Ein Mensch mit rechtem Lebenswandel übt sich in Gerechtigkeit, er liebt und ehrt seine Eltern und tut ihnen Gutes, um ihnen ihre Mühe und Arbeit zu vergelten. Er gibt der Gesellschaft, der Nation, der gesamten Menschheit, der Erde, dem Universum und Gott etwas zurück. Er strahl seine Gedanken und Gefühle der Dankbarkeit aus. Unermüdlich ist er zum Wohle aller tätig, den Menschen, den Tieren, der Natur, dem Kosmos gegenüber und sein Bestreben ist Liebe und Frieden in dankbarer Weise.

Der kluge und weise Mensch begleicht auch seine Dankesschuld, indem er für die geistige Welt wirkt, ihr den Weg bahnt, damit sie sich entfalten kann. Er gibt sein geistiges Wissen an andere interessierte Menschen weiter.

Wer so im guten Glauben und nach besten Wissen und Gewissen handelt, hat am Ende seines Lebens ein ausgeglichenes Dankesschuldkonto.

32.
Sünde + Schuld

Wenn man die Sünde im christlichen Sinn (katholische oder evangelische Religion) betrachtet, muss man alle, die mit Sünde belegt sind oder sich sündig fühlen davon freisprechen, weil es die Sünde nicht gibt.

Die Sünde ist eine christliche, schon eine jüdische Erfindung, die einen Zweck verfolgt. Sie macht den Menschen, der an die Sünde glaubt, gefügig, demütig, folgsam, abhängig, aber gläubig für seine Glaubensgemeinschaft. Lässt ihn nur vorgeschriebene Weg gehen und hindert ihn an der eigenständigen freien Entwicklung seiner Persönlichkeit, seiner eigenen nach dem göttlichen strebenden Entfaltung. Die Sünde ist das best Mittel die Menschheit klein zu halten, sie ist der größte Hemmschuh in der Entwicklung des christlichen Menschen. Sie hält ihn gleichsam an einer langen Leine an der Organisation fest. Nur seine Kirche ist in der Lage ihn von der Sünde mittels Beichte loszusprechen. Sie allein hat nach ihrer Auffassung die göttliche Macht dazu und ist legitimiert. Ferner kann sie vorschreiben in welchem Rahmen (Gesetze und Gebote) sich ein Christ bewegen darf, um nicht unnötig sündig zu werden.

Sünde ist nach christlicher Definition das Absondern von Gott, der Nichtbeachtung seiner Gebote, die Vergötzung des Geschöpflichen. Sündigen entstammt dem Griechischen, heißt hermatanen, den Punkt nicht treffen, von der Mitte abgesondert sein. Insofern deckt sich dies mit der Christlichen Definition, abgesondert von Gott und seinen Geboten. In der Bibel sagt Jesus: Geh hin und sündige nicht mehr. Damit sind nicht die Sünden gemeint, die die Kirche uns glauben macht. Es sind die Sünden wider das Leben gemeint. Das Versündigen durch falsche, negative Gedanken, schlechte Lebensweise, Versündigung gegen den eigenen Körper, falsche schlechte Ernährung, Hass, Neid, Missgunst, der Aufbau von Karma.

Wer darf es wagen oder hat das Recht die Menschen Sünder oder sündig zu nennen. Die Idee der Sünde steht im Widerspruch zu Kindschaft des Menschen gegenüber Gott. Auf der Erde kann es keinen Menschen geben, der ein Sünder ist, es widerspricht der Religion. Der Mensch ist die höchste und vollkommenste Offenbarung der Gottheit. Im Menschen hat sich das vollkommene, sündenlose Wesen offenbart. Deshalb ist eine Existenzmöglichkeit für die Sünde nicht möglich. Das ist es, was für den inneren Menschen, den wirklichen Menschen zutrifft. Wir sind keine Kreaturen, denen das Leben auf dieser Erde als Opfer oder Folgeerscheinung der fleischlichen Lüste unserer Voreltern auferlegt wurde. Bei diesem Punkt müssen wir mit der Auffassung aufräumen, wir seien als Kinder der Sünde mit Schuld belastet. Gottes Geist und Leben wurde in den mütterlichen Schoß mit hineingelegt. Der inkarnierte Seelengeist ist eine Funke Gottes.

Es heißt im Evangelium bei Johannes: Die ihn aufnahmen, gab er Macht Gottes Söhne zu werden (sein). Wenn wir Söhne und Töchter Gottes sind, können wir keine Sünder sein. Es gibt uns die Macht recht zu handeln, Erfahrungen zu sammeln, unsere eigenen Entscheidungen zu treffen, ohne zu sündigen. Unser Handeln, wenn es auch nicht den religiösen Vorschriften entspricht, kann nicht sündig werden!

Es ist vielleicht eine Sünde an die Sünde zu glauben.

Schuld
Wir leben in der Polarität. Wenn wir polar handeln, werden wir schuldig. Wenn nur ein Pol Erfüllung findet, müssen wir also dem anderen Pol etwas schuldig bleiben, wir werden schuldig. Wir bleiben oder müssen in der Polarität immer Schuld auf uns laden, weil wir nicht in der Lage sind beide Pole gleichzeitig mit Handlungen zu erfüllen. Das bedeutet, dass der Mensch immer in der Schuld ist, egal wie er sich entscheidet zu handeln. Schuld ist aber nicht Sünde. Ich kann es nur zu dem Begriff hindeuten, dass ich mich von einem Pol absondere, weil ich ihm in der Polarität nicht gleichzeitig Rechnung tragen kann. Absondern, den Punkt nicht treffen, hat sich etymologisch zur Sünde gewandelt. Die Schuld gehört mithin zum menschlichen Leben und bedarf keiner Lossprechung, sondern nur der Erkenntnis des Menschen und das daraus entstehende Bestreben wieder zur Einheit zu kommen.
Schuld heißt Schuld, nicht Sünde.

33.
Helfen, statt verurteilen

Wenn wir die Entscheidungen der Politiker und der Leute, die an den Schalthebeln des Volkes und der Welt stehen uns ansehen, dann erfasst uns oft heiliger Zorn über die Irrtümer und Fehlhandlungen.

Wir fühlen uns unfähig die Handlungen zu beeinflussen, sind deshalb resigniert, verfallen in Kritik, Häme, Spott und Verwünschungen. Die Leute an den Schalthebeln entsprechen oft nicht unseren Vorstellungen. Da es aber schon in der Bibel heißt, es fällt kein Vogel vom Himmel ohne dass es dem Universum, Gott gefällt, es muß also einen Grund haben, daß gerade diese Leute, zu diesem Zeitpunkt an der Macht sind und diese Entscheidungen treffen. Es heißt auch, jedes Volk hat die Politiker und Führer, die es verdient und die seiner Entsprechung entsprechen.

Was nützt es da sich aufzuregen, zu klagen. Es ist reine Zeit und Energievergeudung, die nichts bringt. Wenn wir uns und der Welt etwas gutes tun wollen, müssen wir den Leuten an den Schalthebeln, Gedanken voll Licht und Frieden senden, damit sie für ihr Wirken gute Eingebungen erhalten, helle Gedanken und erhabene Wünsche in ihnen wach werden, neue Impulse sie erreichen und ein göttlicher Hauch sie durchströmt. Dann werden sie auch für da Wohl der Menschen wirken und zum Segen der ganzen Welt und des Universums.

34.
Veränderungen im Gottesdienst

Um wieder seelische Befriedigung, Beglückung, innere Zufriedenheit, seelische Kraft und Mut für die Zukunft aus dem Gottesdienst zu schöpfen, muss sich etwas ändern. Damit meine ich die beiden christlichen Kirchen, besonders die katholische. Die Gotteshäuser sind Begegnungsstätten für die Menschen mit Gott.
Man hat die Kirchen umgestaltet, Altartische neu installiert, näher zum Gläubigenraum gebracht. Der Pfarrer ist dem Volk bei der Messe zugewandt. Er predigt nicht mehr auf der Kanzel, sondern spricht auf der Höhe der Kommunionbank, volksnah von einem Pult, singt und betet die Messe nicht in Latein, sondern in Deutsch. Laien, Leute aus dem Volk werden dazu bestimmt Lesungen vorzutragen und Kommunion auszuteilen. Oft werden Laienschauspiele von verschiedenen Gruppen während der Messe aufgeführt mit einem religiösen Hintergrund und Bezug zum aktuellen Zeitgeschehen. Es werden Musikeinlagen auf verschiedenen Instrumenten dargebracht mit oft hohem künstlerischem Wert. Man schüttelt sich gegenseitig die Hände als Zeichen des Friedens. Die Pfarrer halten ihre Predigten mit dem Akzent vom aktuellen Zeitgeschehen und großem Sozialtouch. Die Beispiele aus der Aktualität und der direkte Bezug zu dem Tagesgeschehen überschatten die ganze Predigt und der maßgebliche Bezug zu den zu vermittelten ewigen Wahrheiten bleibt auf der Strecke. Der Pfarrer wird zum Sozialanwalt ohne Realitätsbezug, Sammel- und Spendenaufrufer, Flucht- und Kriegsbeschreiber und Lagebeurteiler ohne Kompetenz

und dabei kommen die Nutzanwendungen im Sinne der ewigen Wahrheiten und der Religion zu kurz.

Diese Beschreibung dient dazu, um aufzuzeigen, dass der Gottesdienst, die Messe volkstümlicher geworden ist. Das Volk spielt für das Volk in der Messe und der Pfarrer ist quasi der Zeremonienmeister und Leiter der Veranstaltung, aber nicht als Brückenbauer zu Gott. Dagegen ist im Grunde genommen nichts zu sagen. Es ist ein Gottesdienst von Mensch zu Mensch, eine Begegnung der Menschen miteinander an einem heiligen Ort. Es scheint den Kirchenoberen auch so zu gefallen. Sie wiegen sich in Selbstgefälligkeit, sie denken, es würde dem Christenvolk so gefallen, wenn die Glaubensveranstaltungen volkstümlich werden und das Volk als Laienspieler mitmachen darf.

Leider ist es aber so, dass das gläubige Volk, das an den Gottesdiensten teilnimmt, immer weniger wird, aber man sieht von den Kirchenoberen in dem vorgenannten keine Ursache oder auch Teilursache für den Rückgang.

Der christlich, gläubige Mensch geht in den Gottesdienst, weil er (wie der Name bereits sagt) Gott einen Dienst erweisen will. Was immer er auf dem Herzen hat; sein bedrohtes Leben, sein familiärer Schmerz, seine materielle Not, seinen Dank, sein Erkennen der ewigen Wahrheiten, seine Sinnfindungen in der Religiosität, seine Gottsuche und Gottfindung. Was immer es sei, es hat mit ihm und Gott zu tun.

Er sucht wahrscheinlich, wenn er gläubig ist, keine Veranstaltung Volk für Volk. Seine Erwartung ist ein Gottesdienst, eine Messe mit exakt ausgeführten Ritualen, mit einem Priester, der aus den biblischen und ewigen Wahrheiten für ihn predigt und ihm

Nutzanwendungen und Ratschläge für sein religiöses und geistiges Leben gibt. Ratschläge und Aufklärungen über das weltliche Leben und das Sozialverhalten braucht er nicht von diesem Ort, dafür gibt es seine Firma, die Gewerkschaften, seine Partei, sein Freundeskreis.

Der Gottesdienst sollte wieder mit größerer Andacht gehalten werden. Der Gläubige, der mit Gott verbunden ist sollte im Mittelpunkt stehen, er sollte wieder die Lieder nach seinem Rhythmus und aus vollem Herzen singen können. Die Predigten sollten die Zuhörer erreichen, Bibelweisheiten ihnen für den Alltag erklärt werden, in einer weise, die zu verstehen ist und von denen sich Nutzanwendungen ableiten lassen können. Mit Weihrauch, dem Symbol für die betende zu Gott erhobene, geläuterte Seele sollte wieder großzügiger umgegangen werden. Die Kommunion, mit ihrer großen Bedeutung, muss wieder zurück in die Hand des Priesters und darf nicht von Laien ausgeteilt werden.

Wenn der gläubige Mensch wieder während des Gottesdienstes sich Gott mehr öffnen kann, wird er auch mehr geistige Kraft und Energie, sowie seelische Zufriedenheit mitnehmen und in seinen Alltag tragen. Es wird auch ein Grund werden, wieder mehr zu diesem heiligen Ort zu gehen um sich Kraft und Zuversicht für seinen nach ewigen Wahrheiten dürstenden Seele zu holen. Er wird Gott in der Feierlichkeit wieder näher stehen und den Priester als Pontifex, als Brückenbauer, als Mittler zu Gott erleben.

35.
Liebe und Angst

Es gibt zwei Worte, die die Welt stark bewegt haben, es ist die Liebe und die Angst. Beide haben die Welt verändert, bzw. den Anlass dazu gegeben oder sie haben das Vorhandene neu geordnet.

Die Liebe lädt zum Verweilen ein, macht uns friedfertig, sanftmütig, wirkt über das Gefühl. Sie hat in der Menschheitsgeschichte viel verändert, die Partnerschafts-, Familien-, Volks-, Heimat-, Natur-, Tier- und die Gottesliebe. Auch große Söhne der Menschheit wie Jesus, Buddha, Konfuzius und andere haben durch die Liebe große Dinge bewirkt. Es lässt sich kaum ausmalen wie die Welt ohne Liebe aussehen würde. Wie würden die Menschen miteinander umgehen, gemessen an dem, wie es heute zugeht, obwohl es die Liebe gibt.

Wenn wir zu der Angst kommen, müssen wir ihr zugestehen, dass sie eine enorme Kraft besitzt in Wirkung und Bewirkung. Die Angst macht uns Angst, aber im rechten Licht betrachtet, ist sie auch schöpferisch. Hinter der Angst steht die Furcht, das Leben zu verlieren, es zu schwächen. Also bewegt sie dazu, Vorsorge zu treffen, Erfindungen zu machen, die das Leben leichter machen, es länger erhalten. Die Angst bewegt dazu, erfolgreich zu sein, viel Geld oder Besitz anzuhäufen, um nicht zu verhungern, zu verarmen, nicht zu versagen oder Anerkennung zu verlieren. Was tun viele Leute alles, wenn der Partner sie verlassen will, weil sie Angst haben allein zu sein! Die Angst ist auch Negativ-Antriebskraft für Krieg, Habgier, Diebstahl bis Mord. Die Angst fördert in uns Kräfte, gibt unterschwellig

Antrieb, positiv oder negativ, ohne daß wir merken, da die Angst dahintersteht. Die Angst lässt uns auch vorsichtig sein, nicht waghalsig werden, bremst die Mutproben, regt zu vernünftigem Handeln an, dämpft die Risikobereitschaft.

Es geht darum, die Angst nicht nur negativ zu sehen, sie hat viele Facetten und wir brauchen deshalb einen richtigen Bezug dazu. Sie ist wie ein Messer, mit dem man Brot schneiden kann und auch töten, es kommt auf den Benutzer an.

Lassen wir uns von der Angst antreiben und durch die Liebe zum Verweilen bewegen! Beides ist gut und nützlich´, im rechten Maß und zum rechten Zeitpunkt.

36.
Handeln nach Wissen und Gewissen

Spricht man von Staatdienern, also Politiker, Richter, Staatsangestellten, dann setzt man voraus, daß sie, weil sie in den Dienst des Staates eingetreten sind, diesem auch dienen wollten.

Ob sie dem Staat Treue geschworen haben oder nur des Geldes wegen dort arbeiten ist belanglos, wenn es darum geht, die vollen Interessen des Staates (Arbeitgeber) wahrzunehmen. Jeder Arbeitnehmer eines wirtschaftlichen Unternehmens, ist verpflichtet sich für die Interessen dieser Firma einzusetzen. Tut er das nicht, ist er nicht tragbar und muß ausgeschieden werden, weil er sonst das Unternehmen schädigt.

Das würde auf die Bundesrepublik übertragen bedeuten, daß jeder Politiker, Richter, Polizist, Soldat, Staatsangestellter seine zu treffenden Entscheidungen zuerst den Interessen des Staates (Bundesrepublik Deutschland) unterstellen müßte, dem Staate dienen, um sein Ansehen zu mehren und Schaden von ihm abzuwenden. Jede Handlung, welche von dem Hauptinteresse abweicht und das Wohl der Volksgemeinschaft in Gefahr bringt wäre eine eindeutige Absage zu erteilen.

Ein besonderes Augenmerk müßte von den Politikern und Staatsdienern verlangt werden, wenn es um offensichtliche und versteckte Absichten geht, Vorteile zu ungunsten des Staates zu erlangen. Dazu zählen ungewöhnliche Minderheitenrechte des Inlandes, Vorteilsansinnen von Interessengruppen des Auslandes, ungewöhnliche europäische Regelungen, auch der UNO,

Kriegseinsätze in anderen Ländern usw., das heißt, alles was dem Staat Schaden bringen könnte, jedes Risiko. Sollten zu Abschaffung von Mißverhältnissen Gesetzesänderungen notwendig sein oder Gesetze aus Altersgründen nicht mehr greifen, so muß es angegangen werden, um Schaden zu vermeiden.

Dazu gehören aber Politiker, Richter, Staatsdiener, die von dem Geist inspiriert sind, im erster Linie Deutschland zu dienen. Es müssen Leute das Volk vertreten, die mit dem deutschen Gutmenschsein, Übertolerierung und nutzlosen Anbiederung an das Ausland ein Ende machen.

An ein paar Beispielen aus der jüngsten Vergangenheit kann man zeigen, daß das deutsche Interesse ohne Grund auf der Strecke bleibt. Leider gibt es keine Proteste und es wird auch keiner zu Rede gestellt oder zu Verantwortung gezogen.

Kopftuchentscheidung

Die Richter des obersten deutschen Gerichtes haben sich nicht eindeutig für Ablehnung entschieden, was im Interesse Deutschlands notwendig gewesen wäre. Hier ging es um die Machtprobe Islam gegen Christliche, abendländische Werte und der Islam hat ein Teilerfolg erstritten.

Zentrum für Vertreibung

Das Erreichen des Zentrums macht große Probleme. Warum soll es nicht in Deutschland errichtet werden, zumal es nicht nur um die Vertreibung der Deutschen geht, sondern um alle Vertreibungen bei allen Völkern. Warum die große Abwehr der deutschen Politiker, an ihrer Spitze Bundeskanzler, Außenminister, Bundespräsident, um nur ein paar Politiker zu nennen.

Das Holocaust-Denkmal hat in Berlin, mit großer Zustimmung der Politiker, einer der besten Plätze erhalten, warum daneben nicht ein Vertreibungszentrum, auch an exponierter Stelle. Die Abwehr des Auslandes kann doch nur dahin gedeutet werden, daß dann Taten des Auslandes der Öffentlichkeit zugänglich gemacht werden, mit denen man gerne nichts zu tun haben will.

Vollmitgliedschaft der Türkei in der EU

Die Vollmitgliedschaft, die der Türkei immer wieder im verdeckten Schmusekurs in Aussicht gestellt wird, ist absolut gegen die deutschen Interessen. Freier Zuzug, Überbevölkerung in manchen Gebieten und Städten ergibt Unruhen und Streit. Türkische Parteien können sich formieren und in den Bundestag kommen und die Regierungsbildung beeinflussen.

Das Anbiedern an die USA beim Aufbau Irak Hilfe zu leisten

Die Amerikaner und Engländer haben den Irakkrieg ohne Notwendigkeit und gegen den Willen der UNO geführt. Sie haben Zerstörung, Leid und Not der Bevölkerung im Kauf genommen um eigene Interessen wahr zunehmen, u.a. Öl. Direkt bedroht waren sie zu keinem Zeitpunkt, alles hat auf Hypothesen beruht. Ich bestreite nicht, daß Hussein ein Verbrecher war, der sein Volk tyrannisiert hat, aber die Ablösung wäre auch ohne Krieg gegangen. Das Anbiedern wegen des Aufbaues ist deswegen für uns sinnlos, weil jeder Nutzen nach dem Aufbau, bereits an amerikanische Firmen zu Nutzniesung vergeben ist.

Die Umerziehung scheint bei uns Früchte zu tragen, weil wir nicht mehr klar und richtig denken und handeln können und kein Selbstvertrauen mehr haben. Wir haben keinen deutschen Standpunkt mehr, sind übertolerant und lassen uns von Interessengruppen des Auslandes leicht übertölpeln oder sind willfährig. Unsere Politik dient nicht unserem Volk.

Die Natur hat den Arten aufgegeben zu überleben. Der Kosmos hat auch den Völkern aufgegeben zu überleben und sie haben auch dazu die Kraft. Wenn Völker untergegangen sind, haben sie es selbst verschuldet, weil sie nicht erwachsen waren und zum Spielball für andere wurden. Oder sie haben sich selbst zerfleischt, sei es real oder geistig, oder sie haben sich dem Schlaf hingegeben.

Es wird Zeit, daß wir uns und unserem Volksvertretern an allen Schaltheben des Staates, den Schlaf aus den Augen wischen.

Wir Deutsche sind auf einem Weg breit, bequem aber bergab, wachen wir auf, ehe es zu spät ist.

37.
Karma

Karma ist das Gesetz von Ursache und Wirkung, es ist das Gesetz von Ausgleich und Harmonie. Das Wort Karma stammt aus dem Sanskrit und bedeutet ins deutsche übersetzt so viel wie Folge oder Wirkung.

Jede Handlung im Universum zieht eine Folge nach sich, sie muß wieder ausgeglichen werden, weil das Universum nach Ausgleich, nach Harmonie strebt. Der Verursacher einer Handlung trägt die Verantwortung dafür und wird zum Ausgleich herangezogen, er haftet sozusagen für seine Tat und wird dafür belohnt oder bestraft.

Auf den Menschen übertragen bedeutet das, seine Gedanken, seine Worte, seine Taten im Leben werden am Ende seines Lebens ihm als Bilanz vorgelegt und er muß in seinem nächsten Leben den Ausgleich schaffen.

Sein Schicksal im jetzigen Leben, wenn es ungut ist, kann für Verfehlungen in den letzten Leben sein, wenn ihn Leid, Unglück, Verfolgung, Zerstörung der Habe oder Krankheit treffen. Für gut Taten kann es ein gutes Schicksal sein, Glück, Gesundheit, Freude. Da es aber nicht nur das persönliche Karma gibt, sondern auch das der Familie, des Volkes, der Nation, der Rasse, ist der Einzelne auch in dieses Karma eingebunden und haftet mit.

Das Karmagesetz bringt alle Störungen wieder ins Gleichgewicht, ist unparteiisch und sorgt so für Ausgleich und Harmonie.

Das Karmagesetz steht einer jüdisch, christlichen Auffassung entgegen, daß Gott, ein Wesen außerhalb des Universums ist, der die Schöpfung aufbauen und niederreißen kann, auch Lohn und Strafe den Menschen nach seinem Gutdünken geben kann. Die Menschen, die nach christlicher Religion und Geboten leben, leben gleichzeitig in Furcht vor einem Gott der sie jederzeit strafen, ja sogar in die ewige Finsternis verbannen kann. Wer nach den vorgeschriebenen christlichen Gesetzen sein Leben ausrichtet und gottesfürchtig ist, muß erleben, daß es auf der Welt überall Leid, Kampf, Hass, Vernichtung gibt, daß darin gute und böse Menschen verwickelt sind.

Ein Teil der Menschen lebt in bitterer Armut, während ein anderer Teil in Reichtum lebt und verschwenderisch damit umgeht, ohne zur Rechenschaft gezogen zu werden.

Ruft dann jemand seinen Gott an und fragt ihn, warum er die Ungerechtigkeiten alle zuläßt, dann erhält er keine Antwort. Fragt er seine Religionsoberen, warum Gott das zulasse, daß die Ungerechtigkeiten Not, Leid, Krieg, Tod, Vertreibung, Krankheit auch den Leuten geschehe, die nichts taten, was zu strafen wäre, dann erhält er die Antwort, „es ist so der Wille Gottes". Es ist der Hinweis auf einen unzulänglichen Gott, dessen Willkür sein Leid bewirkt. Für gute und böse Menschen gleichermaßen gibt es das Unglück dieser Welt und das eigene Unglück ohne Differenzierung. Aber nirgends eine befriedigende Antwort, warum das so ist und ob und wie es abgestellt werden kann.

Nur das Gesetz des Karmas schafft Klarheit.

Jeder Mensch ist Verursacher und Gestalter seines Schicksals. Was er in diesem Leben sät muß er im nächsten Leben ernten. Jeder bestimmt sein Geschick, sein Glück oder Elend. Er selbst ist der Richter seines Lebens und gibt sich selbst Lohn und Strafe. Jeder hat für das was ihm in diesem Leben als Schicksal geschieht, im vergangenen Leben die Ursache gesetzt.

Karma kann sich im körperlichen und im geistigen Bereich auswirken, sowohl zusammen, wie auch getrennt von einander. Zu den sichtbaren Erscheinungen von negativem Karma können u.a. körperliche und auch geistige Behinderungen zählen sowie Schicksalsschläge aller Art. Gutes Karma ist das Resultat von guter Lebensführung, schlechtes Karma ist Strafe für böse Taten oder die Seele hat es auf sich genommen als Schulung, um Mängel zu beseitigen und Mitgefühl zu lernen.

Was ist nun die Nutzanwendung für uns aus dem Karmagesetz?

Karmaverursachung in diesem Leben zu vermeiden, evtl. Gebrechen, Behinderungen, Not, Leid leichter zu ertragen, weil es Karma sein könnte. Mitmenschen in ihrem gelebten Umständen anders zu betrachten, milder zu beurteilen und an die karmische Gerechtigkeit zu glauben.

38.
Erleben

Nicht die Tage die wir auf der Erde sind sollte man zählen, sondern deren Gehalt, deren Leben, den Inhalt.
Wir sollten uns fragen, erleben wir das Leben überhaupt noch oder ist es für uns eine zugeteilte Last, die wir zu tragen haben, mit der wir fertig werden müssen.
Alles was uns begegnet, war wir erleben, was zu bewältigen ist, empfinden wir als Herausforderung zum Kampf, wogegen man ankämpfen muß, um nicht Verlierer zu sein. Das Leben, unsere Umwelt, die Menschen haben uns gelehrt auf der Seite der Gewinner zu sein, Erfolg zu haben, zuerst zu reagieren, vor den anderen. Nur so kann man Sieger werden, Das bedeutet auch immer angespannt zu sein, gewappnet für den Bedarfsfall, immer präsent, immer hellwach. Eine Entspannung können wir uns nicht erlauben, es könnte eine verpaßte Situation sein.
Immer unter Anspannung immer unter Druck bedeutet auch unsere Adrenalinausschüttung ist immer in Anregung für den Bedarfsfall. Das heißt, wir stehen sozusagen immer unter Streß, daueraktiv, allzeit bereit. Was das für den Körper bedeutet nennt man Bluthockdruck, Herzbeschwerden, Verkrampfung. Es ist auch ein Erleben, aber das Erleben der Schattenseite, ein Erleben das uns nicht fragt ob wir Lust haben es zu erleben oder nicht.
Erleben heißt auch mal wieder bewußt die Sonne, den Wind und den Regen zu erleben. Spüren was mache diese Naturgewalten mit meinem Körper, mit meinem Gefühl, wie empfinde ich sie, angenehm oder

unangenehm. Kann ich diese Naturgewalten, die Natur pur, überhaupt noch ertragen, ohne sauer zu reagieren, wenn ich naß werde, vielleicht durch naß. Überfällt mich bei den ersten Regentropfen und bei Wind bereits der Gedanke an Erkältung, Schnupfen, Husten, Halskratzen oder nicht. Bin ich wirklich noch fähig echt zu erleben, erlebnisfähig zu sein oder ist es mir im grauen Alltag verloren gegangen, weiß ich überhaupt noch was es ist.
Kann ich noch im Gras liegen und den Wolken zuschauen. Barfuß über Wiesen, Äcker, Stoppeln laufen. Rieche ich noch die Düfte der Natur, von Wald, Wiese, den Blumen. Höre ich noch die Vögel singen, die einzelnen Arten in ihrer Verschiedenheit. Kann ich noch mit Bäumen und Blumen sprechen. Weiß ich noch, daß es in der Natur Elfen, Zwerge und Gnome gibt. Kann ich in die Formen der gefundenen Steine noch etwas hineindenken. Weiß ich noch das es eine Schöpfung gibt, die alles erhält und sich entfalten läßt. Fühle ich mich noch in die Natur, in den Kosmos eingebunden, als ein Teil davon.
Hoffentlich, denn das Leben ist nicht nur da sein auf der Welt, es ist Erlebnis pur.